Ismail Gadzhiev
Elnur Kalbizadeh

Da história da diplomacia

Ismail Gadzhiev
Elnur Kalbizadeh

Da história da diplomacia

Diplomatas de Nakhchivan

ScienciaScripts

Imprint

Cover image: www.ingimage.com

This book is a translation from the original published under ISBN 978-3-330-33178-5.

Publisher:
Sciencia Scripts
is a trademark of
Dodo Books Indian Ocean Ltd. and OmniScriptum S.R.L publishing group

120 High Road, East Finchley, London, N2 9ED, United Kingdom
Str. Armeneasca 28/1, office 1, Chisinau MD-2012, Republic of Moldova, Europe
Managing Directors: Ieva Konstantinova, Victoria Ursu
info@omniscriptum.com

Printed at: see last page
ISBN: 978-620-8-40487-1

NAKHCHIVANOS PROEMINENTES

- CUJA ACÇÃO DIPLOMÁTICA É MOTIVO DE ORGULHO

A diplomacia não é uma profissão. É um domínio artístico que, tal como a arte, a arte de compor, a tecelagem de tapetes, a caligrafia, exige um talento inato especial. Aqui, um erro num só esboço, numa só notação, num só laço, num só ornamento pode arruinar toda a obra. É por isso que se diz que não se pode tornar um diplomata, é preciso nascer diplomata.

Um dos temas mais importantes da historiografia moderna do Azerbaijão é o estudo da história da diplomacia, analisando a vida e as actividades dos diplomatas que desempenharam um papel importante na história do Azerbaijão. A região de Nakhichevan, que deu ao Azerbaijão personalidades notáveis no passado, é também o local de nascimento de uma série de diplomatas notáveis.

A província de Nakhichevan está situada numa zona geoestratégica que sempre esteve na esfera de interesse dos Estados vizinhos e das grandes potências. Esta região, que outrora pertenceu geograficamente às regiões centrais do Azerbaijão, foi, de acordo com a história, ou parte dessas potências ou independente devido aos interesses das grandes potências em diferentes épocas.

Os séculos XIX e XX foram os anos mais difíceis e complexos para a região de Nakhichevan. Quando o Império Russo ocupou o Sul do Cáucaso, incluindo o Azerbaijão, Nakhichevan era um dos locais mais importantes. Embora Nakhchivan não tenha sido ocupada pelo Tratado de Gulustan, concluído após a primeira guerra entre a Rússia e o Irão de Qajar entre estes dois Estados, o território de Nakhchivan foi também incluído no Império Russo pelo Tratado de Turkmen-Chay, concluído em resultado da guerra subsequente entre estes dois Estados. Nakhchivan não só foi ocupada, como também sofreu alterações demográficas.

Após a ocupação pelo Irão Qajar e pelo Império Otomano, milhares de famílias arménias foram reinstaladas na região de Nakhichevan, juntamente com Yerevan e Karabakh.

As tragédias dos Nakhichevans e a perda das suas terras ocorreram mais tarde. Os Dashnaks arménios, contando com o patrocínio das grandes potências e recebendo delas apoio moral e material, tentaram concretizar as suas intenções de conquistar Nakhichevan. Os Dashnaks arménios, que tinham fundado o seu próprio Estado em território azerbaijanês com a ajuda de forças imperialistas, também estavam interessados em Nakhichevan. Os arménios, seguindo a ideia de que "a Arménia não pode sobreviver sem Nakhichevan e Sharur", recorreram a meios militares no início do século XX.

As figuras políticas e estatais do Azerbaijão e do Nakhichevan opuseram-se às ilusões dos Dashnaks arménios nas suas actividades. Nenhum dos políticos e estadistas do Nakhichevan acima referidos tinha formação diplomática. Mas a situação em que se encontravam e as reivindicações injustas sobre Nakhichevan tornaram-nos diplomatas. Alguns deles nem sequer tinham experiência suficiente neste domínio. No entanto, lutaram resolutamente pela integridade territorial do Azerbaijão e do Nakhichevan.

Quando se fala de diplomatas de Nakhichevan, Behbud agha Shahtakhtinsky é a primeira pessoa que nos vem à cabeça. Também ele não teve qualquer formação diplomática ou outra formação séria. Mas a sua ação diplomática em prol da autonomia do Nakhichevan e da preservação do Nakhichevan como parte integrante do Azerbaijão ensombra o trabalho de dezenas de diplomatas. Graças a este compatriota, que desempenhou um papel decisivo na determinação do destino de Nakhichevan, esta região não caiu sob a ocupação arménia.

Ibrahim Abilov, Magomed Khan Tekinski e Bahram Khan Nakhchivanski defenderam os interesses nacionais do Azerbaijão como diplomatas profissionais. Estiveram também estreitamente envolvidos em actividades diplomáticas. Uns menos, outros mais, todos eles foram activos neste domínio e sempre atraíram as atenções com as suas actividades.

Embora alguns nakhichevitas proeminentes, enquanto representantes de várias profissões, não estivessem ativamente envolvidos na diplomacia, também dedicaram esta atividade aos nossos interesses nacionais, à luta pela integridade territorial do nosso Estado.

A firmeza com que Ali Sabri Gasimov respondeu aos representantes britânicos e americanos, a determinação da sua atitude e a seriedade das suas acções são qualidades indispensáveis de um verdadeiro diplomata. O mesmo se pode dizer de outros.

Em geral, foi graças à atividade diplomática das figuras políticas e estatais acima mencionadas - Nakhichevans - que a região de Nakhichevan não caiu nas mãos de um inimigo insidioso no início do século XX e permaneceu no território do Azerbaijão. Por isso, devemos sempre recordá-los, estudar as suas actividades e informar a geração jovem sobre eles.

Dos autores

Diplomatas de Nakhichevan

MUHAMMED AGHA SHAHTAKHTINSKY

Diz-se que existem três shakhtakhts em Nakhichevan. O primeiro é o cume da montanha Elinje, onde se encontrava o trono dos Eldegisids. O segundo é o lugar na aldeia de Jehri, onde Nadir Shah falou uma vez aos seus soldados. O terceiro lugar é a aldeia da planície de Sharur, que hoje pertence ao distrito de Kengerli da República Autónoma de Nakhchivan. Foi aqui que o Xá Ismail Khatai obteve a última vitória decisiva que o levou ao trono do Xá. Por outras palavras, depois de Shakhtakhty era o local onde os líderes militares, diplomatas e curandeiros do quartel-general de Ismail se reuniam para a Batalha de Sharur. Quem sabe, talvez seja por isso que esta pequena aldeia se tornou mais tarde a casa dos diplomatas, líderes militares, médicos e escritores mais proeminentes do mundo....

Quando se fala dos diplomatas da aldeia de Shakhtakhty, é habitual mencionar uma figura política proeminente do início do século XX em particular: Behbud Shahtakhtinsky. No entanto, temos informações de que o escritor Muhammad Shahtakhtinsky, que foi um dos primeiros a apresentar o problema da identidade azerbaijanesa ao público, trabalhou durante algum tempo no serviço diplomático como intérprete.

M. Shakhtakhtinsky nasceu em 1846, licenciou-se no Ginásio Clássico de Tbilisi e estudou depois na Faculdade de História, Filosofia e Direito da Universidade de Leipzig, o centro de ensino superior experimental da famosa Sorbonne. Falava russo, alemão, francês, árabe, persa e grego e dominava também uma série de línguas mortas - pahlavi, zendi e latim.

Até agora, a literatura tem tratado principalmente a vida de M. Shahtakhtinsky nos anos 1909-1912 como um período de atividade diplomática. No entanto, é de salientar que Muhammad agha Shahtakhtinsky já tinha estado ativo antes disso - no final da década de 1880 - como representante permanente do Império Russo no Tribunal Comercial Internacional, com sede em Istambul. Este cargo permitiu-lhe familiarizar-se com a vida social e política do Estado otomano. M. Shahtakhtinsky traduziu e publicou em russo um tratado do antigo embaixador otomano na Rússia, o general adjunto Ahmed Shakir, sobre o "Cálculo da cronologia solar no mundo muçulmano". No artigo do académico I. Habibbeyli "Muhammed agha Shahtakhtinsky: Paths of Destiny and Merit", é mencionado que, segundo algumas fontes, Muhammed Shahtakhtinsky também traduziu o livro de Ahmed Dzhevdet sobre a história da religião muçulmana.

Em 1907, M. Shahtakhtinsky foi eleito deputado da província de Iravan para a Duma russa. Ao mesmo tempo que defendia corajosamente os interesses dos habitantes da sua terra natal na distante capital do norte, teve também a oportunidade de observar de perto a vida social e política russa.

Nos anos 1909-1912, Muhammed agha Shahtakhtinsky trabalhou como jornalista e tradutor na embaixada russa em Istambul. Fazendo uso do seu estatuto diplomático, estabeleceu contactos com vários altos funcionários do Império Otomano, familiarizou-se com os seus pontos de vista sobre questões actuais e preparou material jornalístico com base nesses contactos. Em 1908, o jornal "Russkoye Slovo" publicou uma entrevista com o Ministro dos Assuntos Religiosos do Império Otomano, Shemseddin Bey. M. Shahtakhtinsky também se dedicou à tradução de documentos e obras sobre temas militares e políticos. O seu trabalho mais importante neste domínio é considerado a tradução para russo do livro "História da Guerra Russo-Turca de 1877-1878 na Ásia Menor", do comandante-chefe do exército otomano, Mukhtar Pasha. Como refere o historiador azerbaijanês Musa Guliyev, foram publicados extractos traduzidos deste livro na revista russa "Journal of Military History" em 1913-1916. No entanto, como a revista foi descontinuada, a obra completa não pôde mais ser publicada.

Após o seu regresso à pátria em 1915, M. Shahtakhtinsky trabalhou também como intérprete no serviço diplomático. Segundo o historiador azerbaijanês Shovgi Novruzov, durante algum tempo dirigiu o Departamento Oriental do Ministério dos Negócios Estrangeiros russo. No entanto, investigações posteriores revelaram que Shahtakhtinsky trabalhou efetivamente no sistema do Ministério dos Negócios Estrangeiros como intérprete da 7ª Divisão até à sua reforma em 1917.

Na República Democrática do Azerbaijão, Muhammad Agha trabalhou principalmente como jornalista e no sector da educação e, após a sovietização, trabalhou como conselheiro do Presidente do Soviete dos Comissários do Povo da RSS do Azerbaijão, Nariman Narimanov, em questões especiais. De acordo com o académico Isa Habibbeyli, M. Shahtakhtinsky foi um dos principais organizadores do Congresso dos Povos do Leste, que se realizou em Baku.

Muhammad aga Shakhtakhtinsky morreu em 12 de dezembro de 1931 e o local da sua sepultura é desconhecido, o que constitui também um tema de investigação para os historiadores.

MOHAMMED KHAN DE TEKE

Quando nasceu, ninguém poderia adivinhar que em breve rebentaria uma guerra que mudaria radicalmente o seu destino e o levaria para longe da sua terra natal, onde cresceria e depois dedicaria a sua vida ao bem-estar e à segurança da sua nova pátria. A sua biografia provará que a pátria não é necessariamente o lugar onde nascemos, mas que é muito mais importante ter um sentimento de pertença, estar ligado à nossa alma e ter um sentimento de pertença.

Magomed Khan de Teke nasceu no vale transcaspiano de Akhaltek, em 1879 ou 1880, numa altura em que decorria a guerra entre os turcomanos e a Rússia. No entanto, o rapaz foi adotado por Ehsan Khan de Nakhchivan, um dos mais influentes chefes da tribo Kengerli do Azerbaijão, e cresceu em Nakhchivan. Até há pouco tempo, a sua data de nascimento era desconhecida, até que o académico azerbaijanês Atakhan Pashayev descobriu o ficheiro pessoal de Magomed Tekinsky, um estudante da Faculdade de Direito da Universidade de Novorossiysk, nos Arquivos Estatais da região de Odessa, na Ucrânia. É de salientar que várias outras personalidades azeris proeminentes do início do século XX, que desempenharam um papel importante na história da região de Nakhichevan - Asis-bek Gadimbekov, Secretário do Consulado da República Democrática do Azerbaijão em Batumi, Aligulu-khan Kalbalikhanov, Idayat-bek Sultanov, Hamid-bek Shahtakhtinsky - estudaram na mesma universidade.

No artigo de A. Pashayev "Quem é Magomed-khan Tekinski?" afirma-se: "Nas informações sobre os alunos do primeiro ginásio da cidade de Tbilissi, na coluna do nome do pai está indicado o apelido de M. Tekinski "Ehsan-khan Tekinski", na coluna do nome do tutor - "Jafargulu-khan de Nakhichevan", nacionalidade - turcomano, religião - muçulmano, ano de nascimento - 1879".

Em 12 de janeiro de 1881, durante o cerco da fortaleza turcomena de Goitepe pelas tropas russas, todos os familiares de Magomed foram mortos e ele foi encontrado num palheiro e adotado pelo coronel do exército russo Ehsan-khan. Segundo Musa Guliyev, historiador azerbaijanês e funcionário da ANAS, secção de Nakhichevan, Ehsan-khan levou o rapaz para Nakhichevan, onde cresceu sob a supervisão de Jafargulu-khan, Rahim-khan e Huseyn-khan, de Nakhichevan. Concluiu os seus estudos na primeira escola secundária masculina de Tbilissi e, em 1908, completou os seus estudos na Faculdade de Direito da Universidade Imperial de Novorossiysk, em Odessa. Não sabemos quase nada sobre os estudos de Magomed Khan nos dez anos seguintes. O mesmo M. Guliyev, depois de ter trabalhado no Museu Estatal de História Militar da Rússia, em Moscovo, e no Arquivo Histórico Estatal da Rússia, em São Petersburgo, descobriu que M. Tekinsky serviu no exército russo depois de terminar o ensino secundário. A. Pashayev concluiu, com base nos documentos do Arquivo Estatal da Região de Odessa, que, depois de se formar na Universidade de Novorossiysk, trabalhou nas agências de aplicação da lei da Transcaucásia. O investigador partiu do princípio de que, em 15 de julho de 1918, Magomed Khan participou na Comissão Extraordinária de Investigação do Governo da RDA em Ganja como assessor ajuramentado. Esta comissão foi criada para investigar os factos de violência contra a população muçulmana em toda a Transcaucásia e os roubos dos seus bens desde a época da Primeira Guerra Mundial. Para além de Magomed Khan Tekinsky, a comissão incluía Alekper-bek Hasmamedov, Andrei Fomich Novatsky, Nikolai Mikhailovich Mikhailov, Alexander Kluge, Ismail-bek Shakhmaliev, Alei Adamovich Alexandrovich, Czeslaw Boleslavovich Klossovsky, V.V. Goodwill, Abbasali-beg Haji Irzaev.

Os maiores serviços prestados por Mohammed Khan Tekin ao Azerbaijão remontam à época da República Democrática do Azerbaijão. No primeiro governo da República, foram-lhe confiadas temporariamente as funções de Ministro dos Negócios Estrangeiros. De acordo com um documento de arquivo citado no quinto volume da obra em sete volumes "História do Azerbaijão", foi também deputado: "Magomed-chan Tekinski, deputado do parlamento azerbaijanês, foi nomeado embaixador no Iraque em 29 de janeiro de 1919. Desempenhou honrosamente o seu cargo até outubro do mesmo ano. No livro "Azerbaijan Democratic Republic and Nakhichevan" pode ler-se: "Como o governo da República Democrática do Azerbaijão não podia tomar medidas militares em relação a Nakhichevan, recorreu a algumas medidas políticas e diplomáticas. .... Em relação a Nakhichevan, M. Tekinski escreveu ao presidente do governo da ADR que, se a Arménia concordasse em ceder Karabakh ao Azerbaijão, os britânicos lhe dariam Sharur-Nakhichevan. Na sua opinião, tal era impossível, uma vez que a maioria da população de Sharur e Nakhichevan era muçulmana. M. Tekinsky também prestou grandes serviços na supressão do governo autónomo dos arménios na província de Nakhichevan. Compilou relatórios sobre este assunto e enviou-os ao Ministério dos Negócios Estrangeiros.

Em 1 de outubro de 1919, M. Tekinski foi nomeado Vice-Ministro dos Negócios Estrangeiros do Azerbaijão e permaneceu neste cargo até à queda da RDA. Nessa qualidade, participou em negociações com o representante polaco no Cáucaso, Vaclav Ostrovsky, o Alto Comissário britânico para o Cáucaso, Oliver Wardrop, e a Missão Extraordinária da Polónia.

Desconhece-se o destino de Mohammed Khan de Teke depois de abril de 1920. O seu nome só pode ser encontrado na lista de pessoas assassinadas e presas nos anos 1937-1938, compilada pelo historiador Adalat Tairzade, onde se encontra carimbado: 18 de março de 1938, 58 anos de idade. Por cima da data há um asterisco que, como nos informa o autor, significa a data da execução.

BAKHRAM KHAN DE NAKHCHIVAN

Por ocasião da conferência sobre o 90º aniversário do serviço diplomático do Azerbaijão, Vasif Talibov, Presidente do Majlis Supremo da República Autónoma de Nakhchivan, sublinhou: "O Ministro dos Negócios Estrangeiros da República Turca do Azerbaijão , Bahram Khan Nakhichevan, que envidou grandes esforços para unir o território isolado de Nakhichevan à República Democrática do Azerbaijão, travou uma luta ativa em defesa do território nacional".

Bahram Khan, de Nakhichevan, ocupa um lugar de destaque entre os diplomatas azeris mais notáveis. Até à data, os investigadores têm-se concentrado nos seus méritos como oficial militar e na administração, mas durante o período da RDA (1918-1920), Bahram Khan dedicou-se por algum tempo ao trabalho diplomático. A fim de evitar pogroms contra a pacífica população azerbaijanesa na região de Nakhichevan por parte dos Dashnaks, foi criada durante este período a República Turco-Azerbaijanesa e Bahram-Khan, na qualidade de chefe da delegação deste Estado, conduziu negociações com a delegação da RDA e com o comandante das tropas da Entente no Cáucaso, General V. Thomson, e em Tbilisi com representantes do governo georgiano. Participou nas negociações sobre a possibilidade de discutir a questão de Nakhichevan na Conferência de Paz de Paris. O historiador azerbaijanês Musa Guliyev escreve no seu artigo "Aman Khan de Nakhichevan: uma personalidade que devemos conhecer e familiarizar-nos" que Bahram Khan nasceu em 1872 em Nakhichevan, o seu pai era

Aman Khan de Nakhichevan e a sua mãe Fatmabike, uma neta de Mehtigulu Khan de Karabakh. A propósito, Fatmabike Khanum é filha do famoso poeta azerbaijanês Khurshidbanu Natavan.

Durante o regime czarista, Bahram-Khan ocupou vários cargos: adjunto da polícia na esquadra de Nakhichevan, zelador honorário da escola muçulmana de Nakhichevan, membro do conselho do Tribunal Mundial de Nakhichevan. Durante a existência da República Araz-Turca, não só foi um dos comandantes da Milícia Popular, como também dirigiu a política externa desta república. Em 25 de janeiro de 1919, Bahram-Khan foi nomeado Ministro dos Negócios Estrangeiros e, nos primeiros dias do seu novo cargo, reuniu-se com os membros da comissão americana que tinha chegado de Iravan. No decurso das negociações, foi acordada a abertura de um hospital com 50 camas em Nakhichevan e a criação de um orfanato para 250 crianças, com a disponibilização de 50.000 rublos e 4.000 poods de trigo. Pouco tempo depois, foi aberto um orfanato com 200 lugares em Nakhichevan.

O episódio mais importante da atividade diplomática de Bahram Khan que hoje conhecemos é a sua viagem a Baku como chefe da delegação da República do Azerbaijão, em março de 1919, para negociar com o governo da RDA. Entre os membros da delegação encontravam-se nomes famosos como o conhecido poeta e dramaturgo azerbaijanês Huseyn Javid e o escritor, tradutor e um dos participantes activos no movimento de libertação nacional Ali Sabri. Como se pode ler no segundo volume da enciclopédia "República Democrática do Azerbaijão", publicada em 2005, Bahram Khan Nakhichevan fez uma escala em Tbilisi a caminho de Baku, onde se encontrou com funcionários georgianos, e depois em Ganja com representantes do movimento nacional, onde discutiu as perspectivas de reunificação da República Turca do Azerbaijão com a RDA. Em Tbilisi, segundo o autor turco I. Atnur, manteve conversações com representantes da missão britânica sobre as futuras fronteiras da província de Nakhichevan. Reuniu-se igualmente com Pasha Bayramov e Yusuf-Bek Gaziyev, que se tinham deslocado a Baku algum tempo antes como representantes da República Asiático-Turca, e apresentou-se como novo Ministro dos Negócios Estrangeiros.

No livro do historiador azerbaijanês Aydin Hajiyev "Da história de Kars e da República Araz-Turca" é referido que a delegação da República Araz-Turca, chefiada por Bahram Khan de Nakhichevan, negociou com o Primeiro-Ministro da República Democrática do Azerbaijão, F. Choyski, após o que o Governo azerbaijanês decidiu enviar um grupo de 10 oficiais chefiados pelo Coronel Kugushev para a República Araz-Turca. Estes oficiais participaram no reforço da defesa da província de Nakhichevan. Além disso, Bahram Khan conseguiu enviar uma delegação civil a Nakhichevan, que se familiarizou com a difícil situação da região e disponibilizou um milhão de rublos para cobrir as necessidades básicas da população. Assim, o governo enviou Teymur-bey Makinsky, R. Ismayilov e o Dr. Ganizadeh a Nakhichevan, Sharur, Surmali, Vedibazar e Milistan, que foram acompanhados por representantes da população da região. As fontes mencionam os nomes de Bagir Rzayev, Magerram Aliyev, Aliyashraf Kazimov, Huseyn Javid, Asad Manafov, bem como Bahram Khan e Aziz Khan de Nakhichevan.

Mais tarde, Bahram-khan ocupou durante algum tempo o cargo de assistente do governador-geral de Nakhichevan e depois o de representante do Ministério do Interior do Azerbaijão em Lankaran. Com a sua capacidade de organização, prestou um valioso contributo para a operação de repressão dos Guardas Brancos na zona de Lankaran, em agosto de 1919, sob o comando do Major-General Habib bey Selimov. Nessa altura, o Governador-Geral de Lankaran era Javad-bek Melik-Yeganov.

Após a sovietização do Azerbaijão em abril de 1920, B. Nakhchivansky emigrou para o Irão e viveu em Tabriz. Segundo o historiador M. Guliyev, era membro do grupo de emigrantes anti-soviéticos e da organização "Cáucaso Independente". Infelizmente, não dispomos de informações sobre a data e o local da morte de Bahram Khan de Nakhichevan.

ALI SABRI GASSYMOV

"Estive em Tbilisi durante três dias e três noites e escrevi um memorando para o General Gaskell...., que entreguei ao general."

Lembramo-nos sobretudo dele como escritor, jornalista e tradutor, como um lutador pela liberdade de Nakhichevan. Nos dias que correm, quando se celebra o 90º aniversário da autodeterminação de Nakhichevan, é impossível não recordar as actividades diplomáticas de Ali Sabri Gasimov. Sem ele e outros patriotas que lutaram arduamente pela sua pátria em 1918-1919 e lembraram aos generais americanos que eram militares e não governantes, a autonomia da região teria sido gravemente comprometida em 1924. Se o próprio povo não lutar pelo seu futuro, ninguém virá do exterior para lhe conceder a independência ou outros benefícios. A autonomia de Nakhichevan é uma importante conquista histórica, cujos autores são figuras públicas e políticas de destaque desta região: Kalbali-chan, Rahim-chan, Behbud Shahtakhtinsky, Ali Sabri Gasimov e outros.

Ali Sabri Gasimov nasceu em 1892 na aldeia de Negram, desde há muito conhecida pela militância e pelo carácter inflexível dos seus habitantes. Estudou na escola do famoso pedagogo azerbaijanês Magomed Tagi Sidgi, em Nakhichevan, e depois no famoso Seminário de Professores de Gori. A sua obra literária é descrita em pormenor numa série de artigos e no livro "Ali Sabri" do Dr. Huseyn Hashimli, Doutor em Ciências Filológicas.

Das trincheiras para a mesa de negociações.....

A atividade diplomática de Ali Sabri Gasimov decorreu em 19181919 anos -

um dos períodos mais difíceis da história do Azerbaijão, quando, em condições de reivindicações abertas dos Dashnaks arménios para a
Em Nakhichevan, teve início uma batalha feroz por esta antiga região do Azerbaijão. Tudo isto levou Ali Sabri Gasimov a empenhar-se na defesa da sua pátria. Nas fontes mais antigas, a sua atividade diplomática é descrita principalmente pelo exemplo do encontro com o general americano Gaskel. Na realidade, A.S. Gasimov encontrou-se também com o primeiro-ministro da República Democrática do Azerbaijão, Nasib Bey Yusufbeyli, e com o ministro dos Negócios Estrangeiros, Mammad Yusif Jafarov. Em 9 de setembro de 1919, assinou um apelo ao governo da RDA em nome da população dos distritos de Nakhichevan, Ordubad, Sharur, Surmali e Vedibazar.

O general apercebeu-se de que era um militar e não um político

No encontro com o General americano Gaskel em Tbilisi, Ali Sabri Gasimov fez declarações que o caracterizam não só como um patriota fervoroso, mas também como um verdadeiro diplomata que conhece bem a interação entre a política e o exército. O historiador azerbaijanês Musa Kuliyev relata no seu artigo "Algumas notas sobre o herói da nossa história Ali Sabri Gasimov" que A.S. Gasimov apresentou um memorando a Gaskel em nome dos habitantes de Nakhichevan e afirmou: "Se estas exigências não forem satisfeitas, os Nakhichevans defenderão a sua independência de armas na mão". Este memorando foi redigido e entregue em resposta às acções do exército americano, que tinha chegado à região com o objetivo de tomar o controlo dos assuntos nas suas próprias mãos e, em caso de fracasso, ceder os territórios originais do Azerbaijão, incluindo os distritos de Nakhichevan, Ordubad, Sharur, Surmali e Vedibazar, à Arménia. Pouco antes, o comando britânico na região tinha feito uma tentativa de estabelecer uma administração arménia em Nakhichevan, que falhou redondamente, uma vez que a população local insistia que a região era parte integrante do Azerbaijão. O General Gaskell, que chegou ao Cáucaso e estabeleceu o seu quartel-general em Tbilissi, negociou com o governo azerbaijanês em Baku, no início de agosto, a criação de uma zona-tampão em torno de Nakhichevan e o estabelecimento de um gabinete do governador americano na região. Na sequência das conversações, foi alcançado um acordo de 12 pontos. De acordo com o livro "Nakhichevan from Ottoman to Soviet Rule (1918-1920)" do autor turco Ibrahim

Ethem Atnur, o governo azerbaijanês concordou em criar uma governação geral provisória. Nos termos do acordo, os tribunais, os caminhos-de-ferro, as auto-estradas, os correios e telégrafos e as instituições de ensino no território do Gabinete do Governador-Geral seriam colocados sob o controlo do Conselho Nacional em Nakhichevan, o orçamento seria assegurado pelo Tesouro da RDA, a moeda azeri seria a moeda oficial e o estaleiro de construção da linha ferroviária Baku-Julfa seria colocado sob o controlo do Azerbaijão.

No entanto, ao regressar a Tbilissi, Gaskell assinou um documento de 21 pontos completamente diferente, que contradizia os interesses legítimos do Azerbaijão e, ao mesmo tempo, abria espaço para as reivindicações territoriais arménias, e que foi enviado aos governos do Azerbaijão e da Arménia. Depois de receber as propostas da parte arménia, o corajoso general aceitou condições como a entrega da secção de Daralaghez à Arménia em vez de a incluir na zona neutra, o reconhecimento da Arménia como parte privilegiada na futura zona neutra, a proibição de o Azerbaijão enviar dinheiro para esta zona, a recusa de ceder ao Azerbaijão a linha ferroviária Baku-Julfa, o reconhecimento do distrito de Zangezur como uma região arménia. Ao mesmo tempo, Gaskell começou a ameaçar o governo do Azerbaijão e deixou claro que não ajudaria a combater a ameaça do norte. Nesta atmosfera, A.S. Gasimov e um residente de Nakhichevan chamado Askerov, como representantes autorizados dos muçulmanos de Priaraksin, foram a Tbilisi em meados de setembro de 1919 e encontraram-se com o General Gaskel. Antes disso, A. S. Gasimov encontrou-se com o Primeiro-Ministro do Azerbaijão, Nasib Bey Yusufbeylim, e confirmou a lealdade de Nakhichevan à RDA.

Em trabalhos jornalísticos e científicos anteriores sobre este assunto, o número de artigos no memorando entregue a Gaskel é dado em duas versões - 10 e 17. 10 artigos são mencionados no livro do académico Ismail Hajiyev "Azerbaijan Democratic Republic and Nakhichevan" e no trabalho acima mencionado de I. Atnur. Esta versão, que se baseia nos materiais do Arquivo Central Estatal de História Moderna do Azerbaijão, parece estar mais próxima da verdade.

O memorando previa, nomeadamente, a realização de um referendo nos territórios muçulmanos de Priaraksin e que a população só aceitaria a criação do gabinete do governador-geral americano se a Conferência de Paz de Paris confirmasse que a região pertencia ao Azerbaijão. Graças sobretudo à persistência de A. S. Gasimov e tendo em conta os argumentos irrefutáveis que apresentou, Gaskel fez uma confissão invulgar. Na obra de Ali Sabri Gasimov "Memórias, Experiências", publicada na edição de novembro de 1982 da revista "Azerbaijan" - o órgão da União dos Escritores do Azerbaijão - o encontro com o General Gaskel é descrito da seguinte forma: "Em 1919, quando as tropas da Entente ocuparam a Transcaucásia, o comandante era o General americano Gaskel. Nessa altura, o poder na Arménia passou para as mãos do partido Dashnak. A situação em Nakhichevan era tensa e as pessoas só podiam viajar para Baku e Tbilisi através de Zangezur. Os Nakhichevans enviaram-me um homem mais velho, chamado Askerov, por essa via. Passei três dias e três noites em Tbilissi e escrevi um memorando ao General Gaskel. ... Entreguei o memorando ao general. Os intérpretes transmitiram o conteúdo do que eu tinha escrito ao general.

Ele estava a remoer. Olhei para a janela. O general estava a pensar em qualquer coisa, de cabeça baixa. Finalmente, olhou para cima:

- Diga ao Sr. Sabri que eu sou um soldado. Não faço política.

Dois dias mais tarde, os jornais locais publicaram pormenores das negociações sob o título "Delegados de Nakhichevan em Gaskel". Askerov comprou vários exemplares do jornal e regressou a Nakhichevan".

O Governo do Azerbaijão não participará num plano que o povo de Nakhchivan não quer.

que a população de Nakhchivan não quer.

Graças às negociações com os representantes americanos em Nakhichevan e à resistência obstinada da população da região, os EUA não conseguiram atingir os seus objectivos na região. Esta resistência deu ao governo da RDA um importante trunfo para rejeitar o plano que lhe foi imposto. Na véspera da nomeação do proposto Governador-Geral dos EUA, o lado azerbaijanês declarou: "O governo azerbaijanês não participará num plano que o povo de Nakhichevan não quer."

No artigo "Ali Sabri Gasimov - diplomata, guerreiro e escritor meio esquecido", do historiador azerbaijanês Nail Aliyev, é reproduzida a seguinte citação do diálogo de A.S. Gasimov com o Alto Comissário para a Transcaucásia, Gaskel, extraída do número 193 do jornal governamental "Azerbaijão", de 1919: "Nakhichevan defenderá a sua independência de armas na mão até ao último suspiro. Não reconhecemos o Estado chamado Arménia. Rejeitamos esse Estado com todas as nossas forças, porque queremos a auto-determinação..... Este é o nosso direito e não o concederemos a ninguém. O povo que conquistou a liberdade não permitirá que o governo do Azerbaijão decida o seu destino sem ter em conta a sua vontade. Esta vontade deve ser honrada".

Como continuação lógica do pedido de autodeterminação de Ali Sabri Gasimov, que exprimia a vontade do povo de Nakhichevan, surgiu algum tempo depois o pedido de autonomia de outra figura política proeminente de Nakhichevan, Behbud Shahtakhtinsky. Graças à autonomia, a face histórica azerbaijanesa da antiga Nakhichevan pôde ser preservada. Como resultado, esta região deu ao mundo o maior azerbaijanês de todos os tempos - Heydar Aliyev. Esta notável figura política e estatal conhecia muito bem a história de Nakhichevan, incluindo os factores que acompanharam a independência da região. E este conhecimento salvou Nakhichevan da ocupação arménia nos anos 90 do século passado.

BECHBUD SHAKHTAKHTINSKY

Behbud Shahtakhtinsky é uma personalidade sobre cuja vida e actividades políticas havia poucas e contraditórias informações até há pouco tempo. Foi apenas a ordem emitida por Vasif Talibov, Presidente do Majlis Supremo da República Autónoma de Nakhchivan, em 21 de fevereiro de 2011, que ajudou a determinar e a fundamentar o seu verdadeiro lugar na história do Azerbaijão.

Quando me familiarizei com a literatura sobre B. Shakhtakhtinsky, várias circunstâncias chamaram-me a atenção. Talvez a mais notável seja o facto de Behbud Shahtakhtinsky, nascido em 1881 na aldeia de Shahtakhty, no distrito de Sharur, no seio de uma família simples, gozar de grande autoridade e respeito entre as chamadas pessoas comuns - camponeses e operários. Segundo o historiador azerbaijanês e doutor em Filosofia da História, Musa Guliyev, a comissão de recenseamento do governo russo de 1859 declarou na sua decisão: "De acordo com o recenseamento de 1859, estão registados como Beks. Os membros da comissão confirmaram unanimemente que até os seus bisavós provinham da nobreza. Estabeleceram que os Shakhtakhtinskys pertenciam à tribo Gazakhlar e que os seus bisavós eram descendentes de Agajir-aga. Até à data, ninguém desta família foi privado do "bekstvo". O profundo patriotismo e o amor inato pelo seu povo, sem distinções sociais, ajudaram B. Shakhtakhtinsky a manter a sua autoridade mesmo sob o regime político que visava eliminar as "classes exploradoras".

As qualidades de liderança e a profunda inteligência inerentes a todos os representantes da família Shahtakhtinski-Kengerli permitiram a Behbud-aga participar na fundação da Organização dos Trabalhadores de Escritório aos 24 anos de idade e tornar-se membro do Comité Executivo do Conselho de Baku e da Comissão de Emergência do "Conselho dos Comissários do Povo de Baku" e Presidente do Conselho Central do partido "Hummet" aos 36 anos de idade.

Após a sovietização do Azerbaijão em 1920, Behbud-aga Shahtakhtinsky foi Comissário do Povo para a Justiça e, ao mesmo tempo, um extraordinário representante da ASSR na RSFSR. Tinha não só uma formação diplomática, mas também uma formação secundária vulgar e, no entanto, graças ao seu talento inato e à sua experiência de vida, conseguiu mais do que muitas pessoas com formação académica.

Quando se examina a biografia de B. Shakhtakhtinsky, verifica-se que três factores desempenharam um papel importante na sua formação como diplomata - as capacidades inatas, o ambiente e a necessidade, ou seja, a própria vida. Há muito que se sabe que a vida ensina frequentemente a uma pessoa aquilo que os livros e os educadores não conseguem ensinar. As qualidades necessárias a um diplomata de sucesso - previsão, talento analítico e perseverança na consecução do objetivo - herdou-as dos seus gloriosos antepassados. O seu ambiente ensinou-o a mergulhar profundamente nos acontecimentos políticos e a utilizá-los em benefício do seu povo. A sua capacidade de transformar os problemas em oportunidades pode ser vista no relatório pormenorizado que enviou a Lenine sobre o Azerbaijão, a situação no Cáucaso, o Irão e a Turquia, que escreveu em julho-setembro de 1920. Esta capacidade de B. Shahtakhtinsky é demonstrada na assinatura do acordo sobre a união militar e económica entre a RSS do Azerbaijão e a RSFSR, bem como nas negociações entre Moscovo e Kars em 1921.

Quanto ao fator de necessidade, graças ao qual B. Shahtakhtinsky se tornou um proeminente diplomata azerbaijanês, é necessário salientar a importância crucial da questão de Nakhichevan para o Azerbaijão nas negociações entre a RSFSR e a República da Turquia. Por outro lado, o facto de B. Shahtakhtinsky, apesar das suas sinceras convicções bolcheviques, ter um horizonte alargado e vastos conhecimentos, bem como o seu patriotismo, foi uma condição prévia para se tornar um dos principais diplomatas azeris.

Aquando da assinatura do Tratado de Moscovo entre a RSFSR e a Turquia, em 16 de março de 1921, a proteção dos interesses do Azerbaijão e da região de Nakhichevan ao mais alto nível é, sem dúvida, o principal mérito de Behbud Shahtakhtinsky. É significativo que o segundo e o terceiro artigos dedicados às questões de Batumi e Nakhichevan se tornaram as disposições mais importantes deste documento. Foi graças a B. Shahtakhtinsky que o estatuto e as fronteiras aproximadas da província de Nakhichevan foram estabelecidos no terceiro artigo do acordo e no Anexo 1 (c). Numa carta de N. Narimanov pode ler-se: "Obrigado por Nakhichevan! Como vêem, já iniciaram este trabalho e estão a fazê-lo corretamente. Isso deixa-me feliz". O Comissário do Povo para os Negócios Estrangeiros da RSS do Azerbaijão, Mirza Davud Huseynov, escreveu também a B. Shakhtakhtinsky e sublinhou a importância do Tratado de Moscovo.

A clarividência de B. Shahtakhtinsky como diplomata ficou também claramente demonstrada aquando da assinatura do Tratado de Kars. Muitos investigadores criticam a posição de B. Shahtakhtinsky, que se pronunciou contra a assinatura de tratados separados entre a Turquia e as repúblicas do Cáucaso durante as negociações de Kars. A parte turca insistiu neste ponto durante os 18 dias de negociações, mas a RSFSR, que actuou como mediadora, recusou. Assim, B. Shahtakhtinsky apoiou efetivamente a posição russa. No entanto, sem esta posição do diplomata azerbaijanês, o Tratado de Kars muito provavelmente não teria ultrapassado os limites de um documento puramente bilateral e não teria adquirido a importância regional que tem atualmente. Graças ao trabalho diplomático de B. Shahtakhtinsky e aos seus argumentos, o Tratado de Kars foi concluído entre a República da Turquia, por um lado, e as Repúblicas Socialistas do Azerbaijão, da Geórgia e da Arménia, por outro. Este tratado tornou-se assim um verdadeiro documento jurídico internacional de importância regional. Este passo visionário deu frutos, que o chefe de Estado azerbaijanês Heydar Aliyev utilizou habilmente em prol dos interesses do Azerbaijão no final do século XX.

Talvez o episódio mais controverso e pouco claro da rica biografia de Behbud Shahtakhtinsky seja a sua morte. Durante muito tempo, a historiografia foi dominada pela visão do seu suicídio, que muitos atribuíram ao fracasso da sua vida pessoal. Ao mesmo tempo, a maior parte dos investigadores referem-se ao material sobre a morte de B. Shahtakhtinsky na edição de 31 de maio de 1924 do jornal "Shargin Sabahy", que relatava: "Ontem, às 3 horas da tarde, B. Shakhtakhtinsky suicidou-se com uma arma de fogo no seu apartamento na casa 25 da rua Kirpichnoe. Tov. Shakhtakhtinsky chegou a casa ao meio-dia e fechou-se no seu quarto, e às 3 da manhã os vizinhos ouviram quatro tiros. Quando abriram a porta, viram um homem seminu deitado na cama com um nagan na mão. Toda a cama estava coberta de sangue. Apesar de ter sido baleado quatro vezes na cabeça, ainda estava vivo. B. Shakhtakhtinsky foi imediatamente levado para o hospital central e morreu pouco tempo depois".

Uma análise cuidada desta mensagem revela algumas incoerências. É óbvio que uma pessoa não pode dar quatro tiros na cabeça, e ainda por cima na cabeça. O académico Isa Habibbeyli chamou a atenção para este facto no seu discurso na conferência por ocasião do 130º aniversário de B. Shahtakhtinsky e do 90º aniversário do Tratado de Kars. Tendo em conta o facto de os tiros terem sido disparados de uma nagan, que não é uma arma automática e cujo gatilho tem de ser premido com força, a versão de um suicídio parece ainda mais duvidosa. Para além disso, a nagan dispara de forma contínua, ou seja, os seus cartuchos não podem ficar presos num obstáculo. No caso de um tiro no crânio, dois tiros são suficientes para que o cérebro perca a maior parte das suas funções e a pessoa perca a consciência. Por fim, a teoria do suicídio de um homem com a força de vontade de Behbud-aga Shahtakhtinsky parece improvável. Por conseguinte, há todas as razões para considerar a versão do terror - um método favorito de luta contra os seus adversários, tanto com os bolcheviques como com os Dashnaks bolcheviques, que muito provavelmente não podiam perdoar a B. Shahtakhtinsky as suas actividades, que os privaram da oportunidade de conquistar a região de Nakhichevan.

IBRAHIM ABILOW

A História não é apenas uma cadeia de acontecimentos que se desenrolam ao longo do tempo. A História é um livro de segredos em que se escondem leis e normas para esclarecer o presente e o futuro. Sim, essas leis estão escondidas, mas não para as esconder da luz do dia, mas em nome da preservação. O tempo passa e chega um momento em que, para compreender os acontecimentos actuais, é preciso olhar para o passado e aprender com ele. Infelizmente, a nossa memória histórica entra, de vez em quando, numa espécie de hibernação e esquecemos como os nossos inimigos semearam a discórdia entre nós. Com o tempo, esquecemo-nos até de quem era o nosso inimigo. Os portadores da perniciosa ideologia Dashnak envenenaram a nossa consciência com as sementes venenosas da desconfiança contra nós próprios. Ibrahim Abilov, um proeminente diplomata azerbaijanês do início do século XX, pode servir de exemplo.

I. Abilov nasceu em Ordubad em 1882. Frequentou a escola "Ekhtar", aberta pelo conhecido pedagogo azerbaijanês Magomed Tagi Sidgi, mas a morte do pai, que ocorreu pouco depois, obrigou Ibrahim a ajudar a família. Foi para Petropavlovsk, como se chamava na altura a atual Makhachkala. Algum tempo depois, Ibrahim veio para Baku e começou a trabalhar como operário. Em 1903, aderiu ao movimento revolucionário de esquerda. Rapidamente se tornou um membro ativo do partido social-democrata azeri "Hummet", fundado em 1904. Nas fileiras deste partido, tornou-se um colaborador próximo de Nariman Narimanov. Em 1907, I. Abilov foi um dos organizadores da greve dos marinheiros da frota mercante do Cáspio, em Baku.

Em 1912, foi chefe de redação do jornal "Baki Hayati" durante algum tempo. Foi várias vezes preso e exilado em Astrakhan em 1913, onde - a sorte sorriu! - N. Narimanov era, na altura, membro da Duma da cidade. Este encontro foi o ponto de partida para uma séria aproximação entre os dois proeminentes representantes do movimento de esquerda azerbaijanês. Após a Revolução de fevereiro, I. Abilov veio para Tbilissi e, no final do ano seguinte, 1918, foi eleito para o Parlamento da jovem República Democrática do Azerbaijão como membro da fação socialista.

Após a sovietização do Azerbaijão em 1920, Ibrahim Abilov foi nomeado Comissário Adjunto para os Assuntos Internos da RSS do Azerbaijão. Em setembro do mesmo ano, no 1º Congresso dos Povos do Leste, realizado em Baku, foi eleito primeiro secretário do Conselho de Propaganda e Agitação dos Povos do Leste, por recomendação de N. Narimanov. Em 21 de maio de 1921, na reunião do Politburo e do Bureau do Comité Central do Partido Comunista do Azerbaijão, I. Abilov, juntamente com G. Musabekov e M. Kahiani, foi incluído na delegação ao III Congresso dos Povos do Leste. Ao mesmo tempo, a questão do seu envio para a Turquia como representante da RSS do Azerbaijão foi decidida positivamente em Moscovo.

I. Abilov chegou a Tbilisi em agosto e, em 21 de setembro, embarcou no navio italiano "Reno" em Batumi, com destino a Istambul. Durante a viagem, teve reuniões em várias cidades turcas. I. Abilov encontrou-se com representantes proeminentes da emigração azerbaijanesa, incluindo o antigo chefe do Departamento de Contra-Inteligência da República Democrática do Azerbaijão Nagi Sheikhzamanli, o ministro militar do primeiro gabinete governamental e então governador-geral de Garabagh Khosrov-bek Sultanov e o comandante do regimento de cavalaria Khosrov Mirza Bahman Kajar. A 11 de outubro, I. Abilov chegou a Ancara e, no dia seguinte, teve uma receção com o Ministro dos Negócios Estrangeiros Yusuf Kemal. Nesta reunião, conseguiu resolver uma série de questões importantes, incluindo a abertura de consulados do Azerbaijão nas cidades do Mar Negro de Trabzon e Samsun. Em 14 de outubro, I. Abilov encontrou-se com Mustafa Kemal Atatürk, o fundador da República Turca, a quem disse que as vitórias do Exército de Libertação Turco estavam a causar entusiasmo no Azerbaijão e em todo o mundo muçulmano. Atatürk respondeu: "A nossa nação está feliz por ouvir a confirmação deste facto pela boca do representante do Azerbaijão. Os povos da Anatólia e da Rumélia sabem que os corações dos azerbaijaneses batem em uníssono com eles. A dor dos azerbaijaneses é a nossa dor e a sua alegria é a nossa alegria".

Em 22 de outubro, I. Abilov apresentou as suas credenciais a Atatürk. A 18 de novembro, realizou-se em Ancara uma cerimónia solene de hasteamento da bandeira da RSS do Azerbaijão. O Sr. Atatürk participou nesta cerimónia.

Ibrahim Abilov desenvolveu um trabalho diplomático muito frutuoso na Turquia e conseguiu mesmo tornar-se um dos amigos mais próximos de Atatürk, um amigo da sua família. M. Atatürk estava entre os participantes no banquete organizado por ocasião do nascimento da segunda filha de Ibrahim-Bek, tendo-lhe dado o nome de Anadolu e declarado que era a sua filha simbólica. Graças às actividades diplomáticas de I. Abilov, foram assinados vários tratados bilaterais e multilaterais entre a Turquia e as repúblicas soviéticas. Em 1921, durante as negociações soviético-turcas, I. Abilov, juntamente com o chefe da delegação da RSS do Azerbaijão, Behbud Shahtakhtinsky, assinou o Tratado de Moscovo e Kars, que constituiu a base do direito internacional para a autonomia da região de Nakhichevan.

No entanto, um nível tão elevado de relações entre o Azerbaijão e a Turquia, tal como tinha acontecido muitas vezes na história, não agradava claramente a certos círculos. Os nacionalistas arménios, em particular, que há muito serviam de instrumento do Império Russo, estavam preocupados com esta situação. Esta preocupação tornou-se evidente em Baku e em Moscovo em dezembro de 1921, quando a representação azerbaijanesa em Ancara iniciou os seus trabalhos. Nessa altura, teve início uma campanha de purgas contra os comunistas muçulmanos da comitiva de N. Narimanov. A purga levada a cabo no Comité do Partido da cidade de Baku foi dirigida principalmente contra três proeminentes diplomatas azeris - B. Shahtakhtinsky, A. Shirvani e I. Abilov.

Para I. Abilov, que tinha dedicado a sua vida à revolução e ao regime soviético, a notícia da sua expulsão do Partido Comunista foi naturalmente um duro golpe. Quando viu que os ideais elevados que tinha servido com tanto entusiasmo se tinham transformado numa moeda de troca num jogo político sem escrúpulos, reagiu a esta negra ingratidão com a mesma sinceridade e naturalidade com que tinha acreditado e servido os ideais revolucionários. O secretário da missão da RSFSR na Turquia,

Mikhailov, escreveu sobre este facto numa carta a G. Ordzhonikidze: "Quando vi este trabalhador do partido, de cabelos brancos, que tinha sido suspenso das fileiras do partido, sentado e a chorar, chamei profanamente todos os formalistas do partido". Foi só depois da garantia de N. Narimanov que I. Abilov foi aceite de novo nas fileiras do partido. Posteriormente, Narimanov disse numa carta a Abilov: "O seu comportamento até agora tem sido correto. Espero que também não cometas erros no futuro. Não devemos esquecer-nos de uma coisa: Há algumas pessoas nos lados russo e turco que querem turvar as águas. Agora verifica-se que todos os contra-revolucionários da Transcaucásia aderiram a esta ideia e querem transformar o belo Cáucaso num mar de sangue".

Os inimigos não se pouparam a meios e organizaram o envenenamento de Ibragim Abilov numa das recepções em Esmirna, onde era suposto estar sob guarda como diplomata. Quando regressou do banquete, sentiu fortes dores no estômago e nos intestinos. I. Abilov foi operado pelos médicos de Atatürk e ele próprio foi hospitalizado, pois não queria deixar o seu amigo sozinho. No entanto, todos os esforços dos médicos foram em vão e I. Abilov morreu em 23 de fevereiro de 1923, tendo o seu corpo sido sepultado em Baku. A filha do diplomata azerbaijanês Anadolu-khanum comentou: "Naquela altura, nunca teria ocorrido a ninguém, mas agora parece-me que o meu pai pode ter sido envenenado pelos arménios. Fizeram-no por medo da sua influência e dos êxitos que tinha alcançado. Também lhe escreveram cartas anónimas...".

Sim, Ibragim Abilov tinha muitos críticos. No entanto, conseguiu o que outros não conseguiram. Trabalhou meticulosa e propositadamente para reforçar a amizade entre o Azerbaijão e a Turquia. É sabido que a história coloca cada coisa no seu lugar. A história não preservou os nomes daqueles que fizeram acusações rebuscadas contra Ibrahim Bey. Por outro lado, as suas duas filhas ofereceram-se como voluntárias para ir para a frente de batalha após o início da Grande Guerra Patriótica; Anadolu Abilova foi para Berlim como enfermeira. Aqueles que tentaram utilizar o facto do envenenamento de Abilov na Turquia para semear a discórdia entre as duas nações fraternas não conseguiram os seus sórdidos objectivos. Porque as pessoas sabiam muito bem quem e com que objetivo tinham desencadeado o derramamento de sangue fratricida desde as guerras entre o Estado Ak-Koyunlu e os Otomanos.

Um facto eloquente: os inimigos jurados continuaram a vingar-se de Ibragim Abilov mesmo depois da sua morte. Numa das suas entrevistas, a sua filha Anadolu Abilova disse: "Depois da guerra, regressei a Baku com o médico Iskender Ismayilov, com quem casámos na frente. Quando fomos visitar o túmulo do meu pai, encontrámo-lo destruído e devastado .... Apesar de uma busca intensiva, não conseguimos encontrar os seus restos mortais mumificados, que estavam enterrados num caixão de ferro. Parece que até a sepultura de Ibrahim Bey assustava os seus inimigos. Não é verdade. Quem poderia ter cometido tal barbaridade se não os arménios!

Em 1981, o túmulo do grande estadista e diplomata Ibrahim Abilov foi simbolicamente restaurado no Beco dos Enterros de Honra em Baku por ordem de Heydar Aliyev, o líder do Azerbaijão, o líder nacional do nosso povo, que tornou a amizade azerbaijanesa-turca firme e irreversível.

ZIYA YUSUF TALIBZADEH

Ziya Yusuf Talybzade é sobretudo mencionado nas fontes como comissário militar do Comité Revolucionário de Nakhichevan nos anos 1921-1922. No entanto, alguns autores referem a sua atividade como Comissário dos Negócios Estrangeiros.

Z.Y.Talibzade nasceu em Tbilisi em 1877 e é irmão do famoso dramaturgo azerbaijanês Abdulla Shaig. Recebeu a sua educação primária na escola "Rushdiye" da Administração Espiritual da Transcaucásia e a sua educação espiritual superior na cidade iraniana de Mashhad. Depois de completar os seus estudos em Bagdade, Ziya Yusuf veio para Baku em 1899. Era fluente em árabe, persa, russo e turco.

Em Baku, Z.Y. Talibzade dedicou-se a actividades literárias e a traduções, paralelamente às suas actividades docentes. Em 1907, deslocou-se a Istambul em nome do famoso filantropo Haji Zeynalabdin Taghiyev para oferecer ao Sultão Abdulhamid II uma edição em três volumes do Corão em azerbaijanês. Mais tarde, Ziya Yusuf participou ativamente na vida política. Recebeu formação militar na Turquia, participou na Guerra dos Balcãs e na Primeira Guerra Mundial na frente do Cáucaso nas fileiras do exército otomano e esteve envolvido na libertação do Azerbaijão em 1918 nas fileiras do Exército Islâmico do Cáucaso. Chefiou depois, durante algum tempo, a missão diplomática otomana em Tabriz.

Em 1920, após a sovietização do Azerbaijão, Ziya Yusuf Talibzade foi feito prisioneiro, mas foi libertado sob a garantia de Nariman Narimanov e, com a sua experiência de trabalho político e militar, foi nomeado comissário militar de

Nakhichevan.

Como é sabido, em 21 de janeiro de 1921, o Comité Revolucionário Regional de Nakhichevan foi criado como órgão do poder estatal nesta região e, em fevereiro, Z.Y. Talibzadeh tornou-se seu membro. Na qualidade de comissário militar com a patente de general, deu provas de verdadeiro heroísmo na defesa da região contra os ataques dos Dashnaks arménios.

Em outubro de 1921, para além dos Comissários para a Alimentação, a Terra, as Finanças, a Saúde, a Educação, os Assuntos Internos e Militares, foram criados, no âmbito do Comissariado do Povo Soviético da RSS do Nakhichevan, os Comissários para os Negócios Estrangeiros, as Comunicações, o Trabalho, o Comércio Interno e Externo, a Segurança Social, a Justiça, a Comissão Extraordinária, o Conselho para a Economia Nacional e o Tribunal Militar. O nome de Akhund Yusuf Talibzade foi mencionado durante algum tempo como Comissário para os Negócios Estrangeiros.

No livro do autor azerbaijanês H. Hasanov "Conceito de Estado Nacional e Actividades de Nariman Narimanov" pode ler-se: "Em 1920, a pedido de N. Narimanov, veio para o Azerbaijão e foi nomeado Comissário para os Negócios Estrangeiros de Nakhichevan. As suas relações com os paxás turcos contribuíram para reforçar a segurança de Nakhichevan. Algum tempo depois, Akhund Yusuf (Ziya) Talibzade deixou Nakhichevan em direção ao Turquestão e aderiu ao movimento Basmachi juntamente com Enver Pasha".

É evidente que o seu conhecimento de línguas estrangeiras e as suas estreitas relações com a Turquia e o Irão desempenharam um papel decisivo na nomeação de Yusuf Ziya Talybzadeh para Comissário dos Negócios Estrangeiros. Defendeu honrosamente Nakhichevan contra os Dashnaks arménios, mas não conseguiu fazer amizade com o liberalismo e mesmo com o namoro da Rússia bolchevique com os Dashnaks.

No final de 1922, Talybzade deslocou-se a Baku e pediu autorização a N. Narimanov para deixar a URSS. Depois de receber o respetivo documento, viajou para a Ásia Central e aderiu ao movimento basmachi, tornando-se associado de Enver Pasha. Durante este período, entrou em contacto com a famosa figura pública e política Zeki Velidi Togan. Ziya Yusuf Talibzade morreu durante a luta contra os bolcheviques.

GASYM-BEK JAMALBEKOV

Gasym-bek Jamalbekov, filho de Abbasgulu bey Jamalbekov, foi um dos diplomatas que ocuparam um lugar especial na história política do Azerbaijão no início do século XX. A sua vida e o seu trabalho sociopolítico foram tão controversos como a própria época, complexos e ambíguos.

Ao mesmo tempo, graças ao seu talento diplomático, à sua intuição política e à sua capacidade de compreender as periferias políticas, G. Jamalbekov conseguiu estar no centro dos acontecimentos públicos e políticos no Império Russo, na República Democrática do Azerbaijão e após a sovietização, defendendo os interesses do Azerbaijão tal como os entendia e considerava corretos. A educação foi um fator importante para o seu sucesso nas actividades políticas e diplomáticas. Nascido em Nakhichevan em 1881, Gasym-bek foi enviado para uma madrassa aos sete anos de idade e depois estudou na "Mektebi Terbiye" ("Escola de Educação") em Nakhichevan, que dava aulas de azerbaijanês, russo e persa. É de salientar que esta escola, inaugurada em 1896, funcionou até à década de 1930 e nela estudaram muitos representantes da intelectualidade azerbaijanesa da época. O proeminente poeta e pedagogo Magomed Tagi Sidgi foi professor de Gasim-bek. Aqui, o jovem Gasim dominou perfeitamente as línguas turca e persa, o que desempenhou um papel importante na sua posterior carreira diplomática. Após dois anos de estudo no "Mektebi Terbiye", continuou os seus estudos numa escola municipal de quatro anos e, em 1901, passou no exame do Seminário de Professores de Irevan, tendo-lhe sido atribuído o título de professor nacional. Mais tarde, Gasym-bek leccionou em várias escolas da província de Irevan. Simultaneamente, participou em actividades políticas ilegais sob a influência das ideias social-democratas que se propagavam na época. Por ocasião dos pogroms perpetrados pelos nacionalistas arménios contra a população azerbaijanesa em 1905-1907, Gasym-bek regressou a Nakhichevan. Gasym-bek regressou a Nakhichevan e participou ativamente na criação de células do RSDLP em Nakhichevan e Dulfa, tendo mesmo chefiado durante algum tempo a comissão de revisão.

Em 1912, G. Jamalbekov reformou-se do ensino e entrou para a sucursal de um banco iraniano em Julfa como tradutor. Um ano mais tarde, começou a trabalhar numa outra sucursal do banco no Irão. No entanto, a sede do banco não tardou a receber instruções para se livrar de Gasim-bek - aparentemente, as informações sobre as suas actividades políticas tinham chegado aos proprietários do banco. Pressentindo o perigo, Gasim-bek tentou viajar ilegalmente para Baku, mas foi detido e exilado em Krasnovodsk. No entanto, segundo os investigadores, conseguiu fugir passado pouco tempo e chegou a Baku, onde se instalou nas instalações da fábrica de máquinas Rapid com a ajuda de um certo Jafar Akhundov. O autor destas linhas descobriu que J. Akhundov foi um dos fundadores do primeiro círculo marxista no Azerbaijão, membro do partido social-democrata "Hummet". Quando a Declaração de Independência do Azerbaijão foi adoptada em 28 de maio de 1918, Yafar Akhundov era membro do Conselho Nacional do Azerbaijão, absteve-se de votar e tornou-se assim um dos dois membros do conselho que não votaram a favor da criação do Estado do Azerbaijão.

Depois de viver ilegalmente em Baku durante vários meses, Gasym-bek foi novamente detido. No entanto, conseguiu escapar à detenção e chegou a Astracã por mar, onde encontrou um importante diplomata azerbaijanês, o seu compatriota Ibrahim Abilov, e abrigou-se com ele.

Após a criação da República Democrática do Azerbaijão, H. Jamalbekov tornou-se membro do Parlamento. Anteriormente, tinha entrado para o Conselho Nacional do Azerbaijão em substituição de Jafar Akhundov. A questão da sua entrada no Conselho foi debatida na terceira sessão do Conselho, em 1 de junho de 1918, em Tbilissi. G. Jamalbekov foi membro do Conselho Nacional durante a permanência do Governo da República em Ganja, uma vez que o seu nome é mencionado na resolução de 17 de junho sobre a composição do segundo governo provisório. Mais tarde, a sua oposição à proclamação do ADR terá levado à sua demissão do Conselho.

No parlamento da RDA, aberto em 7 de dezembro de 1918, Gasym-bek Jamalbekov era membro da fação socialista e membro da Comissão Central para a Convocação da Assembleia Constituinte. Havia uma "fação socialista muçulmana" com 12 membros no parlamento, presidida por Aslan Safikurdsky, um deputado do distrito de Gazakh, que incluía representantes da ala esquerda do "Hummet", Samed Agamaly-oglu, Aligeydar Garayev, Ibrahim Abilov (Abilzade) e Gasym Dzhamalbekov, bem como outros grupos de esquerda.

Após a sovietização, Gasym-bek foi o primeiro cônsul da RSS de Nakhichevan na cidade iraniana de Tabriz. No final da década de 1930, G. Jamalbekov foi um dos políticos reprimidos pelo regime soviético e foi fuzilado em Baku, em 9 de janeiro de 1938.

ISMAIL-BEK JAMALBEKOV

Este foi um período muito difícil e complicado na história da região de Nakhchivan. Em 1918-1920, após o colapso do vasto Império Russo, Nakhichevan, essencialmente isolado do resto do Azerbaijão, enfrentou o seu inimigo jurado e lutou firmemente sozinho, tanto no campo de batalha como na cena diplomática. Tratava-se de uma luta não só por Nakhichevan e não só pelo Azerbaijão, que por vezes assumia mesmo um carácter religioso, puramente muçulmano. Em 1915, foi fundado nas cidades de Nakhichevan e Dulfa o partido nacionalista "Muja-Khidin", que significa "guerreiros da fé". Quatro dirigentes deste partido - Mirgeydarzade, I. Jamalbekov, K. Safarbekov e R. Safarbekov - contribuíram para repelir os ataques dos Dashnaks arménios a Nakhichevan. Ismail Jamalbekov, entre eles, lutou por Nakhichevan nas frentes diplomáticas e é digno de ficar na história da diplomacia azerbaijanesa.

Ismail-bek Jamalbekov, filho de Abbasgulu-bek Jamalbekov, nasceu em Nakhichevan em 1883. Em fevereiro de 1918, quando o Sejm da Transcaucásia, que substituiu o Comissariado da Transcaucásia (a estrutura executiva que substituiu o Comité Especial da Transcaucásia em 11 de novembro de 1917), intensificou as suas actividades com vista à formação de Estados independentes na região, I. Jamalbekov foi um dos primeiros a lutar por uma defesa fiável da região de Nakhichevan contra os ataques dos Dashnaks e desempenhou um papel importante na formação das unidades de autodefesa do povo. Devido às suas qualidades de líder, rapidamente ganhou grande prestígio e tornou-se um dos líderes do partido "Mujahidin". Mais tarde, na década de 1920, trabalhou no serviço diplomático como primeiro cônsul da RSS do Nakhichevan na cidade iraniana de Maku.

O livro "From the History of the Nakhichevan Autonomous Republic", de S. Sadigov, refere que a RSS de Nakhichevan gozou de uma maior autonomia na década de 1920, tinha os seus consulados nas cidades iranianas de Maku, Choy e Tabriz, o seu representante no consulado da RSFSR na cidade turca de Kars e representações em Baku, Tbilisi e Irivan. Em Nakhichevan, a representação militar turca esteve ativa até julho de 1924 e o consulado iraniano até 17 de novembro de 1938. Os primeiros cônsules de Nakhichevan foram Ismail-bek Jamalbekov em Maku e Gasym-bek Jamalbekov em Tabriz. Em janeiro de 1922, Aziz Sharif foi nomeado representante da RSS do Nakhichevan na RSS da Geórgia.

É de salientar que Nakhichevan mantém desde há muito relações estreitas com Maku. Na primavera de 1918, quando Baku estava nas mãos dos Dashnaks e dos SR, o chefe do Comité Nacional de Nakhchivan, Jafargulu Khan de Nakhchivan, deslocou-se ao canato de Maku, então controlado pelas tropas otomanas, e negociou por intermédio do Khan com os comandantes turcos o envio de um contingente militar para Nakhchivan. Uma carta entregue ao comandante turco Kyazim Karabekir em 19 de janeiro de 1921 contém as seguintes linhas: "A independência de Nakhichevan foi reconhecida pelas repúblicas soviéticas da Arménia, Ucrânia e Daguestão, bem como pelo Khan de Maku e pelo chefe da cidade de Tabriz".

Em janeiro de 1921, eclodiu um motim entre os oficiais do 106º Regimento do XI Exército Vermelho, estacionado na aldeia de Shakhtakhty, no pós-Khivan. Na noite de 11 de janeiro, cerca de 300 soldados e oficiais do regimento atravessaram a ponte sobre o rio Araz e entraram no território do canato de Makin, apesar das medidas tomadas pelo Comissariado de Emergência e pelo comando turco. Este incidente deu origem a tensões entre a RSS do Nakhichevan e o canato. Murtuzagulu Khan ficou insatisfeito com o facto de os soldados rebeldes do Exército Vermelho, que se tinham juntado às tropas de Denikin em território iraniano, terem começado a pilhar e a saquear e rompeu relações com Nakhichevan. Ismail-Bek Jalbekov desempenhou um papel importante na normalização das relações bilaterais. Quando era cônsul em Maku, defendeu com firmeza os interesses de Nakhichevan e do Azerbaijão no seu conjunto.

É possível que a sua integridade e o seu empenhamento na defesa dos interesses nacionais tenham atraído a atenção das autoridades soviéticas e, ao mesmo tempo, dos Dashnaks disfarçados de bolcheviques. Em 5 de janeiro de 1938, a sessão de visita do Comité Militar do Supremo Tribunal da URSS condenou Ismail-Bek à execução por fuzilamento por "atividade nacionalista contrarrevolucionária". A sentença foi executada no dia seguinte. A mulher de Ismail Jamalbekov, Gullu Sharif-kyzy, foi presa em 31 de dezembro de 1937, em conformidade com a decisão do Comité Central da URSS de 4 de julho de 1934, e condenada a oito anos de prisão num campo de trabalhos forçados por decisão da Conferência Especial do NKVD da URSS de 9 de abril de 1938.

BALABEK ALIBEKOW

Ao recolher informações sobre diplomatas do passado oriundos da região de Nakhichevan, tomei conhecimento de um nome mencionado no livro de Said Sadigov "From the History of the Nakhichevan Autonomous Republic" (1995) e por vários autores que se referem a esta obra. Trata-se de um certo Balabek, que trabalhou como comissário da RSS do Nakhichevan em Kars na década de 1920. Nenhum destes autores indica o apelido desta pessoa nem fornece informações sobre a sua identidade. No entanto, um certo Balabek Alibekov é mencionado como o fundador do primeiro museu desta cidade em várias outras obras que contêm dados sobre a história dos museus de Nakhichevan. As nossas comparações revelaram que se tratava de Balabek Alibekov, que trabalhou durante algum tempo como comissário em Kars.

Contrariamente às cidades de Maku, Khoy e Tabriz, não existia em Kars um consulado da SSR Nakhichevan, mas um representante autorizado no consulado da RSFSR. Em 7 de fevereiro de 1924, foram trocadas em Ancara notas sobre as organizações consulares entre a Turquia e a URSS, tendo sido abertos consulados soviéticos em Istambul, Izmir, Kars, Artvin, Erzerum e Trabzon. Os últimos quatro consulados soviéticos foram encerrados em fevereiro de 1938.

A informação mais concreta de que Balabek Alibekov era o comissário da NSSR em Kars encontra-se no livro de Ferman Khalilov "Sociedade Científica para o Estudo de Nakhchivan". A fim de recolher dados sobre o Museu de Nakhchivan, o autor recorreu ao respeitado professor azerbaijanês Lyatif Huseynzade: ".... O candidato a professor de ciências filológicas L. Huseynzadeh, que conhece bem B. Alibekov, recordou, durante uma conversa connosco em junho de 2005, que B. Alibekov trabalhou na embaixada (consulado) em Kars num determinado cargo e tinha boas relações com Kars". Além disso, a investigação sobre o museu aberto por B. Alibekov foi também conduzida por Nizami Rahimov, diretor do Museu de História do Estado de Nakhichevan, que forneceu informações valiosas sobre as actividades do seu museu.

A nossa investigação revelou que Balabek Alibekov nasceu em Nakhichevan em 1855. O sexto protocolo da comissão especial de investigação da região de Nakhichevan, datado de 4 de abril de 1925, indica que Balabek Alibekov tem 70 anos de idade. Nos anos 1903-1908 foi agente da polícia e 1908-1911 intérprete da polícia de Kars. - Como intérprete da polícia de Kars. Reformou-se em 1911, mas a sua vasta experiência e o seu bom domínio das línguas russa, persa e turca, bem como a sua autoridade junto da população local, fizeram com que B. Alibekov continuasse ao serviço e trabalhasse como intérprete no departamento de polícia de 1911 a 1917. De 1917 a 1920, ocupou o cargo de chefe de polícia em Urmiye. Mais tarde, trabalhou em instituições soviéticas e, entre março/abril de 1924 e o início de 1925, ocupou o cargo de comissário da RSS do Nakhichevan em Kars, que manteve durante muito tempo. Não sabemos exatamente quando abandonou este cargo, mas é evidente que Balabek Alibekov já não estava ativo no trabalho diplomático em abril de 1925: o 6º Protocolo da Comissão Especial, de 4 de abril de 1925, acima mencionado, refere que foi acusado de ser um agente financeiro do Comissariado Financeiro da RSS do Nakhichevan e que acabou por ser demitido.

Balabek Alibekov provinha de uma antiga família Bek. Era também um famoso colecionador que reunia vários artefactos relacionados com a história, a cultura e a etnografia da região de Nakhichevan. Em 1917-1918, criou um museu na sua casa, no centro de Nakhichevan - um testemunho eloquente do seu grande interesse pela história e pela cultura. No artigo "Balabek Alibekov's Nakhchivan Museum", da autoria de Nizami Rahimov, é referido que esta casa se situava no local onde, até há pouco tempo, se encontrava um combinado comunal e doméstico.

É de salientar que o museu fundado por B. Alibekov por iniciativa privada desempenhou um papel importante no seu destino após a sua demissão do Ministério das Finanças da NSSR em abril de 1925. Depois de a resolução do Sovnarkom da ASSR de Nakhichevan, de 30 de outubro de 1924, sobre a criação do Museu Histórico-Etnográfico de Nakhichevan não ter sido cumprida, o museu privado de B. Alibekov foi oficialmente transferido para a propriedade da República pela resolução do mesmo Sovnarkom de 6 de janeiro de 1926 e o próprio Balabek Alibekov foi nomeado diretor vitalício com um salário de 40 rublos. B. Alibekov foi também nomeado diretor do museu no Protocolo n.º 33 da Sociedade Científica para o Estudo de Nakhichevan, de 12 de fevereiro de 1927.

Pode presumir-se que Balabek Alibekov morreu na década de 1940.

Balabek Alibekov, um diplomata hábil e um dos fundadores do sistema de museus na região de Nakhichevan, no Azerbaijão, trabalhou no consulado da RSFSR em Kars como plenipotenciário da RSS de Nakhichevan.

RZA TAHMASIB

"Independentemente das dificuldades que enfrentes na vida, nunca percas a tua objetividade e os teus princípios^" - esta frase de Rza Tahmasib, uma figura proeminente do teatro e do cinema azerbaijanês, que participou na realização de 17 longas-metragens populares, das suas memórias "Unforgettable", não só reflecte o seu credo de vida, como também pode ser entendida como uma declaração concisa sobre o princípio da sua atividade diplomática.

Quando li esta frase de Tahmasib, lembrei-me da afirmação de uma das personagens do romance O Diplomata, do escritor James Aldridge: "A diplomacia precisa de pessoas esclarecidas e habituadas à objetividade".

Um estudo aprofundado das actividades diplomáticas de Rza Tahmasib (Rza-bek Tahmasibbekov) exige um trabalho extenso e meticuloso nos arquivos da Rússia e da Turquia. Até à data, sabemos apenas que este homem notável, que teve uma vida complexa e rica de 86 anos, trabalhou na missão diplomática da RSS do Azerbaijão na Turquia durante cerca de um ano. Este ano foi um período difícil na história do Azerbaijão e da Turquia. O R. Tahmasib foi incumbido de funções diplomáticas numa altura tão difícil devido à sua clarividência, educação, posição elevada na sociedade e, por último, mas não menos importante, à sua fluência nas línguas russa, árabe, persa e turca.

Em 1901, Rza-bek ingressou na "Mektebi Terbiye" ("Escola de Educação"), aberta pelo conhecido pedagogo e poeta azerbaijanês Magomed Tagi Sidgi, em Nakhichevan. Aqui eram ensinadas as línguas russa, árabe e persa, bem como a história e a geografia. Depois de estudar nesta escola durante cinco anos, entrou numa escola municipal de três classes, na qual se formou em 1909.

O início da atividade sociopolítica ativa de Rza Tahmasib remonta aos anos 1917-1918, quando o distrito de Nakhichevan se transformou numa arena de confronto entre potências imperialistas. Durante este período, os Dashnaks arménios levaram a cabo uma sangrenta limpeza étnica da população azerbaijanesa em toda a região. Sob a influência da revolução burguesa na Rússia, realizaram-se comícios de massas em Nakhichevan, cujos organizadores e participantes activos incluíam R. Tahmasib. Mais tarde, na primavera e no verão de 1918, quando toda a região foi atingida por acontecimentos trágicos, quando os Dashnaks cometeram excessos sangrentos nas aldeias de Negram, Shakhtakhty e outras, Rza-bek lutou corajosamente nas fileiras das unidades de autodefesa formadas pelos habitantes da região e participou na defesa de Nakhichevan.

Depois de 1918, R. Tahmasib viveu em Baku, onde também participou ativamente na vida social e política. Em 1921, após a sovietização, recebeu uma proposta para trabalhar como intérprete na missão diplomática da RSS do Azerbaijão na Turquia. Em setembro, a delegação azerbaijanesa de 28 pessoas, que incluía Rza-bek, viajou de Tbilisi para Batum, onde foi embarcada no vapor italiano "Reno" com destino a Istambul. Os Arquivos Estatais do Azerbaijão conservam o documento "Composition of the Plenipotentiary Mission of the Azerbaijan SSR in Ankara and Table of Monthly Salaries", que mostra que R. Tahmasib era funcionário do Departamento de Informação. É de notar que Rza-Bek se tornou um dos colaboradores mais próximos do primeiro representante plenipotenciário da SSR do Azerbaijão na Turquia, Ibrahim Abilov. Ao mesmo tempo, interessou-se ativamente pela vida cultural da Turquia. Rza Tahmasib foi o iniciador e organizador da maioria dos eventos de beneficência organizados pela pós-presidência do Azerbaijão. O livro "Cultural Aspects of Azerbaijani-Turkish Relations in the Period of Independence (Science, Education, Culture)", da investigadora azerbaijanesa Fergana Huseynova, contém informações sobre alguns espectáculos de teatro e outros eventos culturais organizados

pelos correios com base em materiais de arquivo. De um desses documentos.
O programa da "Noite do Azerbaijão" revela que Rza Tahmasib assumiu o papel de diretor do espetáculo e desempenhou também dois papéis.

Em 17 de fevereiro de 2013, o jornal "Respublika" publicou um artigo de Tarana Jabiyeva sobre a história da diplomacia do Azerbaijão, no qual se lê, em particular: "Os funcionários da Embaixada do Azerbaijão, sob a direção de Ibrahim Abilov, também organizaram eventos de caridade para prestar ajuda material a órfãos e, ao mesmo tempo, promover a rica cultura do Azerbaijão na Turquia. Nesses anos, a ópera "Ashug Garib" foi encenada pelo pessoal da embaixada. Nadir Ibrahimov, Asker Topchibashev, Ismail Ismayilov e Mirza Davud Rasulzade desempenharam os papéis nesta produção. Durante os concertos, I. Abilov prestou grande atenção ao toque da tara, da kamancha e do apito. A peça "O Jovem Infeliz", de A. Khakverdiev, foi representada em noites de beneficência sob a direção de Rza Tahmasib.

De acordo com dados históricos, R. Tahmasib regressou à sua terra natal em agosto de 1922, ou seja, antes da morte de I. Abilov, e continuou a dedicar a sua vida ao desenvolvimento da arte teatral e do cinema nacionais.
Enquanto trabalhava neste artigo, o autor teve conhecimento de dois casos da biografia posterior de Rza Tahmasib que testemunham a sua grande coragem e inteligência.

Na década de 1930, quando a perseguição política e a opressão estavam a aumentar no país, Rza-bek chegou a casa animado uma noite. Mudou rapidamente de roupa e foi a correr para uma reunião importante, da qual tinha sido informado demasiado tarde. No entanto, chegou demasiado tarde e entrou na sala quando todos já tinham tomado os seus lugares. Quando o viu, o secretário do Comité Central, Mirjafar Bagirov, perguntou-lhe num tom irritado

- É a Rosa Tazmasian?

Os presentes riram-se com esta observação do "próprio". Rza-bek não entendeu nada e ficou embaraçado no início, mas depois reparou num telegrama nas mãos de Bagirov.

- Camarada Bagirov, o telegrama deve ser de um arménio.

O rosto de Bagirov ficou sombrio e fez-se silêncio na sala. Depois da reunião, Rza-bek soube que o telegrama tinha vindo de um estúdio de cinema búlgaro.

Outro caso que testemunha a coragem de Rza Tahmasib, invulgar na época, está relacionado com a rodagem do famoso filme "Arshin Mal Alan". Rza-bek escolheu a dacha de ninguém menos que o presidente do KGB do Azerbaijão, Emelyanov, na aldeia de Shuvalan, para filmar um dos episódios e enviou-lhe uma carta sobre o assunto. A resposta foi positiva: de acordo com fontes literárias, Emelyanov recebeu R. Tahmasib, ouviu-o e autorizou as filmagens. Quando Rza-Bek saiu do seu gabinete, Emelyanov disse: "Se o filme não for realizado, a culpa é tua". Não é de surpreender que este comentário ameaçador tenha ecoado nos seus ouvidos durante muito tempo - até ao fim das filmagens.

De resto, foi muito difícil ver o filme. O filme foi aceite depois de muita controvérsia, mas valeu a um grupo de membros da equipa criativa, incluindo R. Tahmasib, o Prémio de Estado.

Em conclusão, as actividades sociopolíticas e diplomáticas de Rza Tahmasib, conhecido pelos seus serviços ao teatro e ao cinema azerbaijaneses, continuam a aguardar uma investigação exaustiva.

AZIZ SHARIF

A região de Nakhichevan, no Azerbaijão, sempre manteve relações estreitas com os Estados georgianos. Segundo fontes históricas, o fundador do canato de Nakhichevan, Heydargulu Khan, concluiu uma aliança militar com o reino de Kartli-Kakheti. Em meados do século XVIII, as relações políticas e culturais entre Nakhichevan e Adjara foram visivelmente revitalizadas.

Os documentos de 1916 contêm Informações sobre a participação ativa de Ali Sabri Gasimov, um escritor azerbaijanês de Nakhichevan, nas actividades da Sociedade de Beneficência Muçulmana de Batumi. Nas suas memórias, o escritor refere que a sociedade desenvolvia actividades na região de Batum a Trabzon e prestava ajuda aos refugiados muçulmanos. Alekper Gharib, um poeta de Nakhichevan, era também membro desta sociedade. De acordo com as fontes, o Coronel Ibragim-bek Gadimov, natural de Nakhichevan, defendeu ativamente os interesses dos muçulmanos pacíficos de Batumi e Ardagan durante este período, que sofriam de violência e despotismo. No final do século XIX, Mirza Heydar Nazirbekov, um milionário de Nakhichevan, mantinha estreitas relações comerciais com Batum. Parte das necessidades de algodão do distrito de Batumi era satisfeita pelo distrito de Nakhichevan. Simultaneamente, várias mercadorias do distrito de Nakhichevan eram transportadas através de Batum para Trabzon e daí para os mercados europeus. Estas ligações permaneceram mais ou menos intactas mesmo após a sovietização do Azerbaijão.

Entre as décadas de 1920 e 1924, a RSS de Nakhichevan tinha representações no Irão, na Turquia e nas repúblicas soviéticas da Geórgia e da Arménia. O livro de Said Sadygov "From the History of the Nakhichevan Autonomous Republic" refere que a RSS de Nakhichevan tinha representações postais em Baku, Tbilisi e Iravan na década de 1920. Em janeiro de 1922, Aziz Sharif, um conhecido crítico, crítico literário e tradutor, foi nomeado representante desta república na Geórgia. Nasceu em 28 de março de 1895 em Nakhichevan, licenciou-se na "Mektebi Terbiye" ("Escola de Educação") do famoso pedagogo azerbaijanês Magomed Tagi Sidgi e dominava parcialmente o persa e o russo. Prosseguiu depois os seus estudos no colégio interno aberto em Tbilisi pelo conhecido escritor e publicista azerbaijanês Jalil Mammadguluzade. Após o encerramento deste colégio, viveu com uma família russa, onde aprendeu bem o russo e o francês. Nas suas memórias "From days gone by", Aziz Sharif escreve: "Quando o colégio interno de Tbilisi foi encerrado, o meu pai confiou-me a uma família russa, a conselho e com a ajuda de Mirza (J. Mammadguluzade - nota do editor). Esta família era constituída por três mulheres e a sua casa situava-se na Rua Mikhailovskaya, perto da Praça Mujtehid. Uma mulher idosa vivia nesta casa com as suas duas filhas professoras. ... Em casa, falavam-me em russo e francês. Lembro-me que aprendi a falar, ler e escrever fluentemente estas duas línguas durante este período.

Os registos de A. Sharif mostram também que viveu em Tbilissi até à primavera de 1906, altura em que foi forçado a regressar à sua terra natal, Nakhichevan, onde os massacres arménio-muçulmanos que eclodiram por instigação do regime czarista levaram também a motins sangrentos contra a pacífica população azerbaijanesa. Em seguida, frequentou durante algum tempo o colégio interno aberto por Ibadulla-bey Muganli e Jabbar-bey Mammadov em Irevan e recomeçou a estudar em Tbilissi em 1908. Nos anos 1915-1917, estudou no Instituto de Comércio de Moscovo. Como resultado, dominava muito bem o francês, o russo, o persa e o georgiano.

No final da Primeira Guerra Mundial, a situação política no Cáucaso era extremamente tensa. Em 1917, Aziz Sharif regressou a Nakhchivan, onde fez muito para eliminar a anarquia e a ilegalidade. No seu livro "Polícia do Distrito de Nakhchivan (1820-1920)", baseado em documentos de arquivo, Fakhreddin Jalilov relata que Aziz Sharif fundou uma "Guarda Vermelha" de trabalhadores e camponeses no distrito no final de

1917.

Em janeiro de 1918, foi eleito presidente do Soviete dos Deputados Operários e Soldados. A. Sharif enviou uma série de cartas ao Comissariado da Transcaucásia, a fim de estabilizar a situação em Nakhichevan, e deslocou-se pessoalmente a Tbilissi para explicar a situação aos chefes do Comissariado.

Nas décadas de 1920 e 1930, Aziz Sharif viveu em Tbilissi e trabalhou como jornalista e editor. O seu bom conhecimento do ambiente de Tbilissi e os seus vastos contactos com a intelligentsia local, bem como a sua fluência na língua, desempenharam provavelmente um papel decisivo na atribuição das funções de representante da RSS do Nakhichevan na RSS da Geórgia. Convém recordar que, durante este período, a RSS do Nakhichevan era representada em Tabriz por Gasym-bek Jamalbekov, em Maku por Ismail-bek Jamalbekov e em Kars por Balabek Alibekov.

Da história da diplomacia

NAKHCHIVAN NAS ACTIVIDADES DIPLOMÁTICAS E A OBRA DE ABBASGULU AGA BAKIKHANOV

Abbasgulu Aga Bakikhanov viveu num dos períodos mais difíceis da história do Azerbaijão. É uma das personalidades mais importantes do Azerbaijão no século XIX. A sua reputação como o pai da historiografia azerbaijanesa foi firmemente estabelecida. Por outras palavras, Abbasgulu aga Bakikhanov para

Heródoto é tão importante para a ciência histórica do Azerbaijão como para a ciência mundial, e a sua obra histórica fundamental "Gulustani" é igualmente importante para a ciência mundial.

Irem" ("jardim de flores paradisíacas") - assim diz a Hist. de Heródoto.

Abbasgulu aga Bakikhanov é reconhecido como um dos três primeiros pedagogos do Azerbaijão. Obras como "Ganuni-Gudsi" ("Lei Sagrada"), "Esrar ul-melekut" ("Segredos do Reino dos Céus"), "Tehzibul-ekhlag" ("Pureza Moral"), "Ein ul-mizan" ("Essência de Libra") mostram que ele era um homem com conhecimentos enciclopédicos nos domínios da linguística, astronomia, geografia, lógica, psicologia e outras disciplinas. Como poeta, iluminista e historiador, A. Bakikhanov pode ser descrito como o Voltaire do Iluminismo azerbaijanês. Foi também um diplomata notável, que soube avaliar exaustivamente os acontecimentos e processos contemporâneos e defendeu o bem da pátria em momentos decisivos da história.

É de salientar que Nakhichevan ocupa um lugar especial nas actividades diplomáticas e histórico-científicas de A. Bakikhanov. Em 20 de dezembro de 1819, Abbasgulu agha Bakikhanov chegou a Tbilissi a convite do general Yermolov, onde foi aceite na principal administração militar do Cáucaso como intérprete de línguas orientais, onde trabalhou durante quase 26 anos. Em 4 de setembro de 1820, Abbasgulu aga foi promovido a sargento, em 20 de julho de 1826 a tenente, em 14 de outubro de 1827 a capitão de estado-maior, em 7 de agosto de 1828 a capitão, em 21 de abril de 1829 a major e em 9 de março de 1832 a tenente-coronel.

Uma das tarefas mais importantes atribuídas a Abbasgulu agha Bakikhanov no serviço militar-diplomático foi a resolução de litígios fronteiriços aquando da conclusão do tratado de paz de Gulustan entre a Rússia e o Irão em 1813. Pouco tempo depois, Abbasgulu agha participou na guerra de 1826-1828 contra os canatos de Nakhichevan e Irovan. Combateu em todas as batalhas na região de Nakhichevan e foi condecorado com o posto de capitão de estado-maior pelos seus serviços na tomada da fortaleza de Abbasabad, nas margens do rio Araz, 6 quilómetros a sudeste da cidade de Nakhichevan, pelas tropas russas. Esta fortaleza foi construída em 1809-1810 de acordo com um projeto de conselheiros militares franceses e era considerada um dos baluartes mais inexpugnáveis da época. Como é referido na "Enciclopédia dos Monumentos de Nakhichevan", a fortaleza de Abbasabad desempenhou um papel importante na defesa das posições iranianas. Alguns autores acreditam que A. Bakikhanov participou nas negociações do comando russo com o comandante da fortaleza de Abbasabad, Ehsan Khan Kengerli. Aliás, uma descendente do iluminista e poeta, Gultekin Bakikhanova, escreveu sobre este facto no seu livro "Etudes about Gudsi" (1984).

No livro de Enver Akhmedov, "Abbasgulu Aga Bakikhanov: Época, Vida, Atividade" (1989), o general russo Paskevich elogia o seu talento diplomático: "Na guerra com a Pérsia, confio sobretudo na sua atividade militar". O general salienta ainda que, devido ao talento diplomático de A. Bakikhanov, ao seu profundo conhecimento da atualidade e à sua fluência em farsi, todas as negociações diplomáticas com a Pérsia eram mediadas por ele.

O seguinte material foi publicado no portal oficial da AR de Nakhchivan:

"Bakikhanov e A.S. Griboyedov pararam no palácio de Ehsan Khan Kengerli a caminho do Irão. A.S. Griboyedov menciona este facto nas suas notas de viagem "Campanha de Yerevan". De acordo com o historiador azerbaijanês Musa Guliyev, A. Bakikhanov passou mais de quatro meses em Nakhichevan em 1828 e escreveu cartas em russo à sua mulher Sakina khanim da aldeia vizinha de Garabaglar. Estas cartas foram posteriormente traduzidas e publicadas na revista "Azerbaijão" - o órgão da União dos Escritores do Azerbaijão.

A obra seminal de Abbasgulu aga Bakikhanov, "Gulistani-Irem", é uma das fontes mais importantes sobre a história não só do Cáucaso no seu conjunto, mas também da região de Nakhichevan. O livro menciona acontecimentos relacionados com as cidades de Nakhichevan, Dschulach (Dülfa), as minas de sal de Nakhichevan, a fortaleza de Alynjak (Alinje), Sharur e Ordubad. Os autores destas linhas consideram que a seguinte passagem da obra acima referida é de importância fundamental para a geografia histórica da região de Nakhichevan: "No final do tempo de Nadir, o bey de Panah Ibrahim Halil oglu Javanshir fugiu e escondeu-se nas terras de Sheki e Shirvan e, após longas guerras, ergueu a bandeira do poder do seu khan em Karabakh. Construiu primeiro a fortaleza de Bayat e depois Tarnaut. Conquistou terras desde a ponte de Khudaferin até ao rio Kurokchay e o distrito de Bergushad. Ocupou também os distritos de Meghri e Guney, pertencentes a Garadagh, os distritos de Tatif e Sisyan, pertencentes a Nakhichevan, o distrito de Terter-Kolany, pertencente a Yerevan, e os distritos de Zangezur e Kapan, pertencentes a Tabriz. Por vezes, subjugou também Ardabil e outros países vizinhos".

Como se pode ver, Tatif e Sisian, que hoje pertencem à Arménia, pertenceram em tempos ao canato azerbaijanês de Nakhichevan. O livro contém muitos factos valiosos e actualizados sobre a história do Azerbaijão em geral e de Nakhichevan em particular.

A POSIÇÃO DE NAKHCHIVAN NAS RELAÇÕES AZERBAIJÃO-POLÓNIA

Atualmente, Nakhichevan ocupa um lugar importante nas relações entre o Azerbaijão e a Polónia. A dinâmica positiva do desenvolvimento destas relações dá-nos razões para estarmos confiantes de que a cooperação entre as regiões dos dois países será um pilar importante para o reforço das relações entre os dois países.

A história das relações entre o Azerbaijão e a Polónia remonta à Idade Média. O Estado azerbaijanês de Ak-Koyunlu, que surgiu no século XV, estabeleceu relações diplomáticas com a Polónia. Em 1470, o governante de Ak-Koyunlu, Uzun-Gasan, enviou o seu enviado Murad e o embaixador veneziano Lazaro Quirino, que se encontrava em Tabriz, para negociar uma aliança com Veneza, o Papa Paulo II e a Polónia contra o Império Otomano. Segundo o historiador Ya.Mahmudov, passado algum tempo, quando Uzun Hasan não recebeu notícias dos enviados, enviou outro enviado à Europa para negociar com o rei polaco e viajou depois com o seu enviado para Veneza, de onde regressaram a Tabriz. Sabe-se também que Uzun-Hasan enviou outro enviado à Europa nos anos 1473-1478. Uzun-Hasan enviou os seus diplomatas à corte polaca e negociou sobre várias questões.

Estas relações também se mantiveram durante o reinado dos safávidas. Por exemplo, o xá safávida Abbas I enviou uma embaixada à Europa, chefiada pelo famoso diplomata Oruj Beyat, encarregando-o de conduzir negociações com a Rússia, a Polónia e oito outros Estados. Um dos documentos mais interessantes sobre as relações entre o Azerbaijão e a Polónia é uma carta do Xá Sultão Huseyn (1694-1722) ao Príncipe da Saxónia e Rei da Polónia Frederico Augusto. Esta carta é também considerada um dos primeiros documentos diplomáticos escritos em azerbaijanês. Este facto é referido no artigo "Duas cartas de xás iranianos em turco" do Dr. Lajos Fekete, publicado na Turquia em 1934.

Na segunda metade do século XIX e no início do século XX, as relações entre o Azerbaijão e a Polónia revitalizaram-se de forma notável, não por acaso: ambos os países faziam parte do Império Russo. Durante este período, foram estabelecidos contactos entre cientistas orientalistas, oficiais militares e diplomatas. Um acontecimento notável neste contexto é a nomeação do general de cavalaria Ismail-Khan, de Nakhichevan, como chefe do regimento de cavalaria muçulmano da Transcaucásia estacionado em Varsóvia, em 1839. No ano seguinte, depois de se ter distinguido em manobras perto de Varsóvia, Ismail-Khan foi promovido a alferes e, em 1844, a capitão de estado-maior. Importa referir que, em 2010, foi publicado na revista "Scientific Notes" da Universidade Estatal de Nakhichevan um artigo do historiador Musa Guliyev intitulado "Sobre os cavaleiros de Kengerlin que viajaram de Nakhichevan para Varsóvia". O artigo contém informações valiosas sobre as unidades da cavalaria Kengerli que foram enviadas de Nakhichevan para Varsóvia na década de 1940, com especial destaque para o uniforme militar dos cavaleiros azeris.

De acordo com várias fontes históricas, oficiais da cavalaria Kengerli serviram no Regimento de Cavalaria Muçulmana da Transcaucásia em Varsóvia durante o período mencionado - Capitão Huseyn Sultan, Hasan-aga Nazar sultan-ogly, Coronel Ismail-aga Kengerli, Iskender-aga Novruz-aga oglu, Almurad-bek Mamedgulu sultan-ogly, Najafgulu-aga Kengerli e Rzagulu-aga Kengerli. Não é de excluir que esta lista esteja incompleta e que os nomes de outros oficiais azeris da região de Nakhichevan que serviram em solo polaco possam vir a ser conhecidos no futuro.

Por outro lado, viajantes, diplomatas e escritores polacos visitaram Nakhichevan em várias ocasiões. Entre eles conta-se o escritor, orientalista e diplomata russo de nacionalidade polaca Alexander Chodzko Boreyko, que foi cônsul russo na Pérsia na década de 1930 e visitou Nakhichevan no seu percurso. Khodzko recolheu informações sobre a cultura, incluindo o folclore e a literatura oral dos povos do Oriente, incluindo os azerbaijaneses. Enquanto estudante em São Petersburgo, estudou línguas orientais com Mirza Jafar Topchibashev. Em 1842, traduziu a versão azerbaijanesa da Epopeia de Koroglu para inglês e publicou-a em Londres.

Os autores destas linhas falaram na imprensa sobre as tentativas de "armianizar" um selo que mostra uma cena de batalha da Guerra Russo-Japonesa de 1904-1905, na qual, entre outros, está representado um proeminente comandante militar azerbaijanês, Huseyn-Khan Nakhchivan. É de notar que a pintura desta cena pertence a Victor Mazurovsky (18591917), representante de uma família aristocrática polaca.

Na véspera do colapso do Império Russo, o polaco Ledinsky e o azerbaijanês Topchibashev lutaram pela autonomia dos seus países na Duma russa. Após a Primeira

Guerra Mundial, milhares de polacos que tinham sido deportados da sua terra natal encontraram refúgio no Azerbaijão.

Heydar Aliyev, o líder nacional do povo azerbaijanês, referiu-se às origens das relações entre o Azerbaijão e a Polónia: "As relações entre o Azerbaijão e a Polónia têm uma longa história. Já no século XIX, os revolucionários que foram expulsos da Polónia devido às suas opiniões políticas encontraram no Azerbaijão uma segunda casa. O papel dos polacos - especialistas e cientistas - no desenvolvimento da indústria petrolífera em Baku desde a segunda metade do século XIX é significativo. O engenheiro V. Zglenitsky, o geólogo K. Bogdanovich e outros contribuíram para a produção industrial de petróleo no Azerbaijão. Durante este período, os produtores de petróleo do Azerbaijão recorreram a engenheiros e arquitectos polacos para trabalhos de construção. Dezenas de edifícios em Baku que sobreviveram aos séculos passados foram construídos por arquitectos polacos".

Em 1 de outubro de 1919, Magomed-chan Tekinsky, um conhecido diplomata de Nakhichevan, foi nomeado Vice-Ministro dos Negócios Estrangeiros da República Democrática do Azerbaijão e conduziu as negociações em Baku com Waclaw Ostrovsky, o representante polaco no Cáucaso.

Após a queda da República Democrática do Azerbaijão, as actividades dos imigrantes políticos azeris na vizinha Turquia não corresponderam, naturalmente, aos interesses da URSS. Por conseguinte, os emigrantes políticos azeris tiveram de emigrar novamente a partir de 1930. Durante este período difícil, muitos deles encontraram refúgio na Polónia.

Os autores destas linhas também estudaram a história das relações culturais entre Nakhchivan e a Polónia. Em 1984, o grupo de dança folclórica azerbaijanesa Yalla "Sharur" participou na Década da Cultura e da Arte do Azerbaijão na Polónia.

A Polónia reconheceu a independência do Azerbaijão em 27 de dezembro de 1991 e as relações diplomáticas entre os dois países foram estabelecidas em 21 de fevereiro de 1992. No entanto, o desenvolvimento efetivo das relações bilaterais está ligado ao nome de Heydar Aliyev. De 26 a 28 de agosto de 1997, o Presidente do Azerbaijão, Heydar Aliyev, visitou a Polónia a convite do Presidente da República, Alexander Kwasniewski. Em 2001, foi aberta a Embaixada da Polónia no Azerbaijão e, em 2004, a Embaixada do Azerbaijão na Polónia.

Importa referir que Nakhichevan ocupa também um lugar importante nas relações entre o Azerbaijão e a Polónia nos tempos modernos. Em 2010, o embaixador polaco Krzysztof Krajewski visitou Nakhichevan e manteve conversações com o presidente do Majlis Supremo da República Autónoma de Nakhichevan, Vasif Talibov. Ambas as partes manifestaram a sua satisfação com o desenvolvimento das relações entre a Polónia e a República Autónoma de Nakhichevan durante o mandato de K. Krajewski. Em setembro de 2011, o sucessor de K. Krajewski como Embaixador da Polónia no Azerbaijão, Michal Labenda, visitou Nakhichevan e foi também recebido pelo Presidente do Majlis Supremo, V. Talibov. Durante a reunião, foram discutidas as perspectivas de desenvolvimento das relações entre a RAE de Nakhchivan e várias regiões da Polónia, nomeadamente nos domínios da ciência e da cultura, bem como da agricultura. Em 2012, o Embaixador visitou novamente Nakhichevan juntamente com o Reitor da Escola Geral de Negócios da Polónia, Adam Budnikowski. Durante a reunião na Universidade Estatal de Nakhichevan, foi assinado um acordo de intercâmbio interuniversitário.

Em setembro de 2011, realizou-se em Poznan a conferência de fundação da Conferência Anual das Autoridades Regionais e Locais dos Países da Parceria Oriental (CORLEAP), criada no âmbito do Programa da Parceria Oriental da União Europeia (UE). A República Autónoma de Nakhichevan participou nesta conferência a convite do Comité das Regiões Europeu e tornou-se membro fundador da nova organização. A República Autónoma do Nakhichevan é membro do Conselho de Administração do CORLEAP desde fevereiro de 2012.

Em 2013, o Majlis Supremo da República Autónoma de Nakhchivan e a Embaixada da Polónia no Azerbaijão colaboraram na produção de medalhas comemorativas para monumentos históricos na região autónoma. Os mausoléus de Momine Khatyn, Yusuf Kuseyir oglu, Karabaglar, Profeta Noé e Huseyn Javid estão representados nas medalhas.

Como se pode ver pelo exposto, Nakhichevan ocupa atualmente um lugar importante nas relações entre o Azerbaijão e a Polónia. A dinâmica positiva do desenvolvimento destas relações dá-nos razões para confiar que a cooperação entre as regiões dos dois países será um pilar importante para o reforço das relações entre os dois países.

LISTA DE REFERÊNCIAS

1. 1913-1916-ci illarda Rusiyanin "Harbi tarix jurnali"
2. 1937-38-da gullalananan (habs olunan) §axslar - (alava 570 adam) Tartibgi:

   Q. Tahirzada (www.adam.az "Yadda§in barpasi" maqalasi, 1 ("Sarhad" qazetininin xususi buraxili§i)
3. Aleksandr Xodzko maqalasi, www.az.wikipedia.org/Aleksandr_ Xodzko, istifada tarixi: 09/03/2013-cu il
4. Atnur i.E.. Osmanli idaragiliyindan sovet idaragiliyina qadar Naxgivan (19181920), Naxgivan: 0cami, 2013, 496 p.
5. Azarbaycan Respublikasi Prezidenti adindan Pol§a Respublikasininin Prezidenti Aleksandr Kvasnevskinin §arafina ta§kil olunmu§ rasmi qabulda Heydar Qliyevin nitqi (Baki, 27 oktyabr 1999-cu il) sanadina tarixi arayi§
6. Azarbaycan - Pol§a munasibatlari, 5 aprel 2010-cu il tarixda tartib olunmu§ umumi tarixi arayi§, "Heydar Qliyev irsi" Beynalxalq elektron kitabxanasininin internet sayti - www.lib.aliyev-heritage.org
7. Azarbaycan Xalq Cumhuriyyati (1918-1920) Parlamento (Stenoqrafik hesabatlar), I cild, Baki, 1998, 976 p.
8. Azarbaycan Xalq Cumhuriyyati Ensiklopediyasi, iki cildda I cild, Baki: Lider, 2004, 440 p.
9. Azarbaycan Xalq Cumhuriyyati Ensiklopediyasi. iki cildda. II cild. Baki: Lider, 2005,472 p.
10. Azarbaycan Kommunist Partiyasinin tarixi, Baki, 1979, 423 p.
11. Azarbaycan Respublikasi Prezidentinin i§lar idarasi, Siyasi Sanadlar arxivi, Fond 268, siyahi 23, i§. 196, v. 11
12. Azarbaycan tarixi. Yeddi cildda. V cild (1900-1920-ci illar). Baki: Elm. 2008. 696 s.
13. Cabiyeva T. Diplomatiya tariximizdan // "Respublika" qazeti, 17 fevral 2013-cu il, No. 037, p. 5.
14. Cafarov F. Naxgivan Qaza polisi (1828-1920-ci illar), Baki: Nurlan, 2008, 192 p.

15. Oliyev N. Oli Sabri Qasimov - unudulmaqda olan diplomat, doyu§gu, yazigi // 525-ci qazet, 2010, 2 fevral. p.6.
16. Gorkamli saxsiyyatlar maqalasi. www.nakhchivan.az
17. Gumru, Moskva va Qars muqavilalalari va Naxgivanin taleyi (Tartibgi va on soz muallifi i.Haciyev) Baki, 1999, 138 p.
18. Haciyev A. Qars va Araz-Turk respublikalarininin tarixindan. Baki: Azarnasr, 1994, 124 p.
19. Haciyev I. Azarbaycan Xalq Cumhuriyyati va Naxgivan. Naxgivan: Ocami, 2010, 384 sah.
20. Haciyev I. Behbud agaSahtaxtinski: Naxgivanin arazi masalasi va muxtariyyat statusu // "Naxgivan" ictimai-siyasi, adabi-badii, elmi-publisistik jurnal, n.° 23, Naxgivan: Ocami, 2011, 207 p.
21. Haciyev I. Behbud aga Sahtaxtinski. Naxgivan: Ocami, 2016, 80 p.
22. Haciyev I. Naxgivan Muxtar Respublikasininin yaranmasi: tarix va muasirlik // AMEA NB "Xabarlar" jurnali, Naxgivan, 2009, n.° 19, pp. 21-34
23. Habibbayli I. Behbud aga Sahtaxtinskinin siyasi faaliyyati va taleyi // "Naxgivan" ictimai-siyasi, adabi-badii, elmi-publisistik jurnal, №23, Naxgivan: Ocami, 2011, 207 p.
24. Habibbayli I. Mahammadaga Sahtaxtli taleyi va sanati. Baki: Nurlan, 2008, 166 p.
25. Hasanov H. Nariman Narimanovun milli dovlatgilik baxislari va faaliyyati. Baki, 2005, 248 p.
26. Hasimli H. Oli Sabri. Baki: Nurlan.2007, 141 p.
27. Huseynova F. "Mustaqillik dovrunda Azarbaycan Turkiya alaqalarinin kulturoloji aspektlari (elm, tahsil, madaniyyat)". Baki, 2007, 302 p.
28. Xalilov F. Naxgivani oyranan elmi camiyyat, Baki: Nurlan, 2005, 196 p.
29. ivanov R. Basqin (Bolseviklarin sovet torpagi qadim Naxgivanda azginliqlari haqda aci haqiqatlar). Naxgivan, 2013, 463 p.
30. Kalbizada E. Axal-Taki vadisindan Araz vadisina // "Sarq qapisi" qazeti, 29 noyabr 2013-cu il, No. 224, p.3
31. Kalbizada E. Daha bir saxta ermani tabligati // "Sarq qapisi" qazeti, 243 (20.897), 26 dekabr 2013-cu il, p. 4.

32. Kalbizada E. Muxtariyyatin alda olunmasinda Naxcivanli diplomatlarin faaliyyati // AMEA NB "Xabarlar" jurnali, Naxgivan, 2016, n.º 3, pp. 127-138
33. Kalbizada E. Naxcivanin "tayini-muqaddarati" ugrunda Oli Sabri Qasimovun diplomatik faaliyyati // "Sarq qapisi" qazeti, 6 de março de 2014-cu il, n.º 43 , p. 3
34. Kalbizada E. Siyasi proseslari milli maqsadlar istiqamatina yonaldan diplomat // "Sarq qapisi" qazeti, 16 de março de 2013-cu il, n.º 50 , p. 3
35. Layos F. iran Sahlarinin iki Turkce Mektubu, TURKiYAT MECMUASI, Cilt V-VI (1934-36), pp. 247-269
36. Qasimov O.S. Xatiralar, duygular. Jornal "Azarbaycan", 1982, n.º 1, pp. 162-163.
37. Quliyev M. Aman xan Naxcivanski: tanimali va tanitmali oldugumuz saxsiyyat, 525-ci qazet, 11 aprel 2013-cu il, p.7
38. Quliyev M. Behbud aga Sahtaxtinski haqqinda bazi qeydlar va yeni malumatlar // "Naxcivan" ictimai-siyasi, adabi-badii, elmi-publisistik jurnal, No. 23, Naxcivan, 2011, 207 p.
39. Quliyev M. Bir daha mashur harbici Aman xan Naxcivanski haqqinda // "Sarq qapisi" qazeti, 1 fevral 2013-cu il.
40. Quliyev M. Naxcivan xanliginin Qafqazda harbi-siyasi movqeyi va alaqalari. Naxcivan: Ocami, 2013, 184 p.
41. Quliyev M. Naxcivandan Varsavaya gedan Kangarli suvarilari haqqinda // Naxcivan Dovlat Universitetinin "Elmi asarlar "i; Naxcivan, 2010, № 1 (29), p. 9-11
42. Musayev i. Azarbaycanin Naxcivan va Zangazur bolgasinda siyasi vaziyyat va xarici dovlatlarin siyasati (1917-1921-ci illar), Baki: Baki Universiteti, 1996, pp. 31-317. 314-317.
43. Naxcivan abidalari ensiklopediyasi. Naxcivan, 2008, 519 p.
44. Novruzov §. §arqi-Rusun gagiri§i. Baki:Yaziqi, 1988, 160 p.
45. Mahmudov Y.M. Azarbaycanin Avropa olkalari ila alaqalari. Agqoyunlu dovru (XV asrin II yarisi). Dars vasaiti. Baki: Tahsil, 2007, 116 p.
46. Pa§ayev A. Mahammad xan takinski kimdir? // Xalq qazeti. 18 IYUL 2010, p. 6.

47. Pol§a Respublikasinin safirinin NMR-E safari, 29 Sept - 1 Oct 11 // Nyusleter 4/2011, Pol§a Respublikasinin Bakidaki Safirliyinin malumat bulliteni, 6 p.
48. Rahimov N. Balabay Qlibayovun Naxqivan Muzeyi // Naxqivan bu gun:islahatlar, perspektivlar (5-6 oktyabr 2007-ciilda kegirilmi§ beynalxalq simpoziumun materiallari), Baki: Nurlan, 2008, 548 p. p.185-188.
49. Sadiqov S. Naxqivan Muxtar Respublikasi tarixindan Baki, 1995, 144 p.
50. Safarli F. Behbud aga §ahtaxtinski gorkamli dovlat xadimi kimi // Naxqivan Dovlat Universitetinin "Elmi asarlar "i, ictimai elmlar seriyasi, 2012, No. 1 (45), pp. 30-35
51. Safarli F. Behbud aga §ahtaxtinskinin hayati va faaliyyatininn bazi maqamlari haqqinda // "Naxqivan" ictimai-siyasi, adabi-badii, elmi publisistik jurnal. Naxqivan, 2011, n.° 23, pp. 7-18
52. Safarli F. Heydar Qliyev irsi - abadiya§ar talim. Naxqivan: Qcami, 2014, 200 p.
53. §ahtaxtli M. Taleyi va sanati:maqalalar / M. §ahtaxtli. Baki: Nurlan, 2008, 166 p.
54. §arif E. Kegmi§ gunlardan. Atam va man (Sanadli xatiralar), Baki: *Yaziqi*, 1983, 614 p.
55. Blamberg I. Vospominaniya, Moscovo: Nauka, 1978, 356 p.
56. Gromyko A., Khvostov V. Documents of the Foreign Policy of the USSR 1924, Moscovo: Politicheskaya Literatura, 1964, 759 pp. (www.history-library.com)
57. Guliyev V. From the Legacy of Political Emigration of Azerbaijan in Poland (1930s), Baku: Ozan, 2011, 548 pp.
58. History before the Revolution and Memoirs, Moscovo: Buch, 1980, vol. 3, parte 2, 367 pp.
59. Kelbizadeh E. Bahram Khan de Nakhichevan: Ministro dos Negócios Estrangeiros da República Araz-Turca // Caspiy: Weekly Issue^ 19 Jun 2014, no.54, p.10 .
60. Kelbizadeh E. Life for the nation: three crucial factors in Behbud Shahtakhtinsky's training as a diplomat // Caspiy: Weekly Issue^ 7 Jun 2014, no.50, p.10 .
61. Kelbizadeh E. Mohammed Khan de Teke: Ministro dos Negócios Estrangeiros

da RDA // Caspiy: Weekly Issue^ 19 Jun 2014, no.54, p.10-11
62. Kelbizadeh E. Mohammed Khan de Teke: Ministro dos Negócios Estrangeiros da ADR // Caspiy: Weekly, 1 de julho de 2014, n.º 59, pp.10-11
63. Nagdaliyev F.F. Khans of Nakhchivan in the Russian Empire. Moscovo: Novy Argument, 2006, 432 p.
64. RGVIA (Arquivo Histórico Militar do Estado Russo), fond 400, fonds 9, ficheiro n.º 36040, doc. n.º 10, lista de serviço de Rahim Khan de Nakhichevan (23 de agosto de 1883) N.º 10, Lista de serviço de Rahim Khan de Nakhichevan (23 de agosto de 1883)

CONTEÚDO.

Printed by Books on Demand GmbH, Norderstedt / Germany